打开心世界·遇见新自己

HZBOOKS PSYCHOLOGY

HZ BOOKS

华章心理

走出童年情感忽视

如何与伴侣、父母和孩子
重建亲密关系

RUNNING ON EMPTY NO MORE

Transform Your Relationships With Your Partner,
Your Parents and Your Children

［美］乔尼丝·韦布 著　修子宜 田育骞 译
Jonice Webb

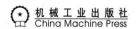
机械工业出版社
China Machine Press

图书在版编目（CIP）数据

走出童年情感忽视：如何与伴侣、父母和孩子重建亲密关系 /（美）乔尼丝·韦布（Jonice Webb）著；修子宜，田育骞译. —北京：机械工业出版社，2021.1（2021.5 重印）

书名原文：Running on Empty No More: Transform Your Relationships with Your Partner, Your Parents and Your Children

ISBN 978-7-111-66965-4

I. 走… II. ① 乔… ② 修… ③ 田… III. 家庭关系 – 研究 IV. C913.11

中国版本图书馆 CIP 数据核字（2020）第 256598 号

本书版权登记号：图字 01-2020-3405

Jonice Webb. Running on Empty No More: Transform Your Relationships with Your Partner, Your Parents and Your Children.

走出童年情感忽视：如何与伴侣、父母和孩子重建亲密关系

出版发行：机械工业出版社（北京市西城区百万庄大街 22 号 邮政编码：100037）

责任编辑：邵啊敏 戴思琪

责任校对：李秋荣

印 刷：三河市宏图印务有限公司

版 次：2021 年 5 月第 1 版第 2 次印刷

开 本：147mm×210mm 1/32

印 张：8.75

书 号：ISBN 978-7-111-66965-4

定 价：59.00 元

客服电话：（010）88361066 88379833 68326294 投稿热线：（010）88379007

华章网站：www.hzbook.com 读者信箱：hzjg@hzbook.com

版权所有·侵权必究

封底无防伪标均为盗版 本书法律顾问：北京大成律师事务所 韩光 / 邹晓东

作者在本书中阐述了被人们忽略的"童年情感忽视"。通过清晰的指导，作者帮助读者与他们爱的人取得更深层的交流。她为人们建立更丰富、更和睦的关系打开了一扇门。本书会引起很多人的共鸣。

——哈维尔·亨德里克斯（Harville Hendrix）博士和海伦·拉凯莉·亨特（Helen LaKelly Hunt）博士，《得到你想要的爱：夫妻指导手册》（*Getting the Love You Want: A Guide for Couples*）和《间隙：连接的起点》（*The Space Between: The Point of Connection*）的合著者

本书列举了很多在情感关系中挣扎的人的案例。作者不仅描述了成年人与其父母、伴侣之间的关系，以及父母和孩子之间缺少什么，她还解释了我们应该怎么做。

——泰瑞·里尔（Terry Real），国际知名家庭治疗师、演说家、作家

作者用你能理解的方式描述了一个几乎无法描述的现象。童年情感忽视可能引起感情创伤，也可能对情感发展与人际关系带来长期的负面影响。现在，去接受它吧！在本书中，你会发现疗愈自身和改善人际关系的日常实用方法。这是一本很棒的书，我会将它推荐给我现在和未来的来访者！

——卡瑞尔·麦克布莱德（Karyl McBride）博士，
《母爱的羁绊》（*Will I Ever Be Good Enough?*）、
《我能否摆脱你》（*Will I Ever Be Free of You?*）的作者

作者在前作《被忽视的孩子：如何克服童年的情感忽视》中，从童年情感忽视的角度疗愈我们自己，而在本书中她从这个角度帮助我们增强并加深生活中重视的人际关系。

父母怎样通过改变他们与孩子交流的方式让孩子获得情感上的肯定，从而成长为健康又坚强的成年人？孩子与遭遇过童年情感忽视的父母拥有怎样的关系，他们的关系可以被疗愈吗？如何与遭遇过童年情感忽视的伴侣沟通？本书以幽默的写作风格，介绍了吸引人的案例，解答了上述问题，并鼓舞读者改善与重要之人的关系。

——兰迪·克雷格（Randi Kreger），
国际知名演说家和边缘型人格障碍专家，BPDcentral.com 创始人，
《亲密的陌生人》（*Stop Walking on Eggshells*）和《边缘型人格障碍》
（*The Essential Family Guide to Borderline Personality Disorder*）的作者

作者用本书打出了漂亮的"全垒打"。这本关于童年情感忽视的实用手册既有条理又全面。作者的思想特别深刻，这些

内容新鲜切题，解释清楚明了，她接地气的写作风格令人耳目
一新。像我一样的咨询师和普通读者会发现，她的这本书是其
前作《被忽视的孩子：如何克服童年的情感忽视》的必要补充。
她在本书中描述了一个难以名状却常见的情况，读者一定会为
她喝彩。本书包含了经典案例、有步骤的指导和提高技能的练
习。我会把本书推荐给我的来访者，以及那些想了解童年情感
忽视的人。童年情感忽视不是一个诅咒，而是一种可以克服的
心理状态。

——罗斯·罗森博格（Ross Rosenberg），
教育硕士，注册临床专业心理咨询师，注册酒瘾毒瘾咨询师，
《人类吸铁石效应：为什么我们喜爱那些伤害我们的人》（*The Human
Magnet Syndrome: Why We Love People Who Hurt Us*）的作者

相较于作者的第一本书《被忽视的孩子：如何克服童年的
情感忽视》，本书蕴含了思考模式的转变。在她为大众和咨询
师写的这本书里，她扩展了童年情感忽视的概念，并给予读者
具体的方法来改变他们与重要之人的交往方式。易懂的表达和
丰富的例子都使本书有助于读者学习如何与重要之人建立健
康、有表现力、令人愉快的关系。

——萨曼莎·罗德曼（Samantha Rodman）博士，
Drpsychmom.com 创始人，《52 封改变你婚姻的邮件》（*52 Emails
to Transform Your Marriage*）和《如何与你的孩子谈论你的离异》
（*How to Talk to Your Kids about Your Divorce*）的作者

译者序

　　在美国学习和实践心理咨询多年，我一直想有个机会把所学所感通过一个系统又容易为人接受的方式介绍给国内对心理学有兴趣和需求的人。机缘巧合之下，我得到了翻译本书的机会。本书的作者通过通俗易懂的案例，将复杂的心理实践融入三种基本关系（个体与伴侣之间的关系、个体与父母之间的关系、个体与子女之间的关系）中。

　　美国精神医学家哈里·斯塔克·沙利文（Harry Stack Sullivan）是新精神分析学派的代表人物。他的人际关系理论强调了人类的社会性本质。从人际关系、家庭氛围和文化的角度，他解释了人格发展和心理问题的形成，影响了几代心理学者。我最为欣赏的团体治疗大师欧文·亚隆（Irvin Yalom）就深受沙利文的影响。亚隆意识到，自己的来访者多是因为无法建立并保持人际关系而陷入绝望的。亚隆所倡导的团体治疗，通过探索和改变人际交往的模式来帮助患者克服心理上的困难。他们的理论为看待国人的心理状态提供了不同的思考角度。一方面，中国的集体主义文化在某种程度上强化了人际关系对个体的重要性。另一方面，中国传统的孝道和家庭观念使得家庭关系与个人的幸福感密切相关。

我阅读过武志红老师的《为何家会伤人》。它是一部描写中国家庭问题的经典畅销书，通过真实的案例，解释了夫妻关系和亲子关系对个人造成的影响，并给出了解决方法。虽然很多人借此提高了对原生家庭的认识，走向了自我治愈的过程，但是也有人认为它是仇恨父母的"圣经"。与之相似，本书的作者围绕着"童年情感忽视"这个主题，分析了家庭关系和个人情感中可能出现的问题。我希望"童年情感忽视"不会成为让我们仇恨父母的理由。诚然，很多父母在养育子女的过程中，因为自身的局限性和各种环境因素，没有足够留意子女的情感。然而，我衷心地希望本书带给大家更多的是对自身成长过程和家庭关系的反思，对自我和家人更深入的了解，以及帮助大家找到更适合自己的人际相处模式。

作者试图为家庭关系中的问题提供具体的解决方法。这些方法简单易行，能帮助到迫切需要方法来做出改变的人。然而，每个个体和家庭都有自身的独特性。当人们应用方法遇到困难时，还需寻求专业咨询师的帮助。想要改善跟家人的关系，既需要方法，也需要持续地付出时间、感情和精力。

最后，感谢我的父母和伴侣在我翻译本书的过程中给予我的鼓励与帮助。

修子宜

2020 年 10 月 10 日

前言

2012年，我写了《被忽视的孩子：如何克服童年的情感忽视》一书。该书出版后，我收到了数以千计的读者来信。在来信中，读者纷纷表示终于完全理解了这么多年来身上的重担，感到如释重负。

有些读者在阅读中得到顿悟，从而改变了他们的人生方向：他们打消了疑虑，开始了新的人生；他们离开黑暗，拥抱自我，看到光明。

你开始意识到，自己的情感不是一件小事。事实上，这可能会让你发生惊人的改变。当你将小时候保护自己情感的心墙一点点敲掉时，你开始肯定自己，并且逐渐感受到生命的活力。

如果你之前未曾留意过情绪，缺乏情绪体验，那么这种新的体验可能会给你带来一丝不安。渐渐地，你会发现悲愤郁结于心，而某些愤怒或创伤或许来自过去的某个错误。有些情绪可能很痛苦，而另一些情绪则充满欢乐和爱。所有的情绪，包括正面情绪和负面情绪，将你和真实的自己、你身边的人以及这个世界，用一种新的、让你难以想象的方式联结在一起。

虽然每个人都不一样，但在疗愈童年情感忽视的人都有一个共同点：他们都通过改变内在的自己，为他们的生活带来了改变，并且也为他们的外部环境带来了连锁反应。你的每一个积极的改变都会影响你身边的人，而这可能会带来一些非常难以预料的挑战。

这就是我写这本书的原因。

在我们继续讲述之前，我想简要说一下童年情感忽视的定义。尽管它的定义很简单，但它能对人们产生深远的影响。

童年情感忽视
在你的童年里，你的父母未能充分回应你的情感需求。

当你还是个孩子的时候，如果你的父母忽视你的情感或者无法忍受你的情绪，那么会发生什么？你必须适应周围的环境。为了确保你的情绪或者情感需求不会烦扰到父母，你压抑自己的情绪，克制自己的情感表达，并且努力不要有情感需求。

这些行为很可能都发生在你的意识觉知之外。你儿时的小脑袋确切地知道怎样保护自己：你筑起了一堵心墙来阻挡这些情绪，并确保你的父母也不需要处理这些情绪。这个自动的、适应性的举动虽然可能在你儿时的家里很有用，但会使你成年后的人生充满痛苦。

当你的一部分情绪被心墙隔离，你的生活会是痛苦而又艰难的。你的情绪本该与你相连，鼓励你，指导你，现在它却无法发挥作用。你发现与他人相比，自己身处一个黑暗、没有生机又无聊的世界。你不清楚自己究竟想要什么、需要什么，也不知道该如何绽放自我。你发现自己生活在空虚中。

在情绪被隔离的情况下，你会产生很多困惑，特别是当父母给予了你丰厚的物质条件，或者是他们因爱而尽可能去满足你的时候，你会更加不理解为什么自己无法变得快乐，为什么自己跟别人有种不可名状的不同。

事实上，你缺少了建立有意义的关系中最重要的条件——与自我情绪的沟通渠道。一段童年情感忽视的关系，通常可以被理解为一段"打了折扣的关系"。可惜的是，大多数遭遇过情感忽视的伴侣并不知道这一点，因为他们没有经历过完整的关系。

你是否有童年情感忽视的经历

童年情感忽视可能很难被人们观察到，或者很难被人们记得。你很难知道自己是不是有这样的经历。到目前为止，如果本书的内容让你有所感触，那么我建议你去做一些关于童年情感忽视的测试。

　　如果你想要了解童年情感忽视会怎样催生童年生活的适应性模式，怎样影响成年以后的生活，以及如何疗愈它，那么请参考我的第一本书《被忽视的孩子：如何克服童年的情感忽视》。

　　如果你已经发现自己遭遇过童年情感忽视，并且做出了有益的改变，或者你怀疑自己关心的人遭遇过童年情感忽视，那么请继续阅读本书。本书正是为你所写的。

　　从童年情感忽视的经历中痊愈需要一个过程。在痊愈的过程中，你会开始体会到情绪，做出不同的行为。当体会到自己的情绪时，你会感到更有活力、更有动力。当你更了解自己时，你会发现你有愿望和需求，并且知道它们具体是指什么。当发现自己并没有那么软弱或"残缺"时，你会开始为拥有更多存在感而感到愉快。你开始发现自己跟别人一样值得肯定，开始发现你的重要价值，开始感到跟身边的人更亲近，开始期望从他们那里得到更多的情感支持。

　　当你努力清除童年情感忽视在过去的几十年里给你带来的伤害时，你会自然而然地做出积极的改变。这种改变可能是戏剧性的，也可能是缓慢而稳定的，还可能是断断续续、不时发生的，或者可能在不同阶段里发生以上三种情况中的一种。然而，不论你怎样改变内在的自我，你都会影响到身边的人。他们可能会感到困惑或惊讶，他们可能从你身上感受到不同种类或者不同程度的情绪——他们可能发现你变得坚定且自信，也可能发现你对自身经历深感不满。

不管你在疗愈过程的哪个阶段,只要你觉察到自己遭遇过童年情感忽视,你就会对生活的多个方面产生怀疑。当看到这种经历对你的影响时,你可能会觉得身边的关系是不完整的,你会对父母或伴侣感到生气、内疚或者愤怒。你觉察到自己并没有从这些亲近的人身上得到你需要的东西,并且也觉察到自己没有给予他们应该得到的东西。

当你做出积极的改变时,你会发现生活变得更复杂了。这时候你要怎么办呢?

我常被问到如下三大问题。

1. 我该怎样改善我的童年情感忽视经历对伴侣的影响?

2. 现在,我知道父母曾经在情感上忽视了我,我该怎样与父母相处?

3. 我该怎样处理我的童年情感忽视经历对子女的影响?

这三大问题延伸出如下小问题。

○ 我觉得,我的丈夫遭遇过童年情感忽视。我该怎样跟他说这件事?

○ 如果我和伴侣都遭遇过童年情感忽视,那么我们该如何应对?

○ 我应该跟父母谈论这个话题吗?我该怎么做?

○ 对父母的愤怒使我感到内疚,我该怎么办?

○ 我可以看到自己的经历对未成年子女的影响,现在还来得及改善吗?

◦ 我可以看到自己的经历对成年子女的影响，我该如何跟他们讨论这个话题？

◦ 我在人际关系中的情感距离有可能被疗愈吗？

......

如果这些问题里的任何一个引起了你的共鸣，请记住你不是一个人在"战斗"。你跟许许多多遭遇过童年情感忽视的人一样，在努力使自己的生活变得更好。

你很勇敢，也很坚强，否则你不会看这本书。你值得被引导、温暖和关怀，你应该得到儿时没有得到的回答和帮助。

这本书为你而写！

目录

赞誉

译者序

前言

第一部分　童年情感忽视和你的伴侣

第 1 章　遭遇过童年情感忽视的伴侣 / 2

　　一方遭遇过童年情感忽视 / 3

　　双方都遭遇过童年情感忽视 / 6

第 2 章　童年情感忽视是否影响你的择偶 / 10

　　童年情感忽视影响择偶的五种方式 / 11

　　总结 / 16

第 3 章　童年情感忽视对亲密关系的影响 / 18

　　建立情感联结的四种技能 / 19

　　童年情感忽视在亲密关系中的五种表现 / 27

　　　　　　童年情感忽视对亲密关系造成的裂痕 / 33

第4章　如何与伴侣谈论童年情感忽视 / 38

　　　　　　与你的伴侣谈话之前 / 42

　　　　　　为成功谈话做好准备 / 48

　　　　　　当你们都遭遇过童年情感忽视时 / 49

　　　　　　当你无法在心理上靠近伴侣时 / 53

第5章　如何修复你的情感关系 / 57

　　　　　　建立情感联结的练习 / 60

　　　　　　冲突管理练习 / 67

　　　　　　正从童年情感忽视中痊愈的伴侣 / 69

第二部分　童年情感忽视和你的父母

第6章　三类在情感上忽视你的父母 / 74

　　　　　　有心无力型父母 / 75

　　　　　　挣扎型父母 / 78

　　　　　　专注自我型父母 / 81

第7章　童年情感忽视如何影响你与父母的关系 / 84

　　　　　　识别三类在情感上忽视你的父母 / 86

　　　　　　你在与父母的关系中可能体会到的感受 / 94

　　　　　　内疚管理技巧的四个步骤 / 96

　　　　　　接受和使用情绪的两个工具 / 98

第8章　保护你自己：设立边界和自我照顾 / 100

　　　　　　何时开始设立边界 / 102

　　　　　　通过自我照顾来保护自己 / 107

　　　边界的神奇保护作用　/ 108

第 9 章　如何与父母谈论童年情感忽视　/ 113

　　　你是否应该和父母谈论童年情感忽视　/ 117

　　　如何与父母谈话　/ 123

　　　正在痊愈的亲子关系　/ 130

　　　当你与父母沟通无果时　/ 142

第三部分　童年情感忽视和你的孩子

第 10 章　情感被忽视的孩子　/ 152

　　　遭遇过情感忽视的儿童　/ 153

　　　遭遇过情感忽视的青少年　/ 155

　　　遭遇过童年情感忽视的成年子女　/ 158

第 11 章　遭遇过童年情感忽视的父母的典型特征　/ 161

　　　十个典型特征　/ 164

　　　总结　/ 173

第 12 章　童年情感忽视如何影响你的养育方式　/ 175

　　　十种影响　/ 177

　　　总结　/ 206

第 13 章　改变你的养育方式　/ 208

　　　与任何年龄的子女都可以做的三个改变　/ 210

　　　针对儿童的策略　/ 212

　　　针对青少年的策略　/ 218

　　　针对成年子女的策略　/ 223

　　　总结　/ 227

第 14 章   你是否应该跟孩子谈论童年情感忽视   / 228

　　潜在的好处和坏处   / 230

　　五个帮你做决定的问题   / 234

　　为成功谈话做好准备   / 237

　　总结   / 241

第 15 章   两个被治愈的家庭   / 242

致谢   / 254

后记   / 256

参考文献   / 259

延伸阅读   / 260

第一部分

童年情感忽视和你的伴侣

第 1 章

遭遇过童年情感忽视的伴侣

他们拥有很多情绪，只是没有意识到这些情绪，也不知道如何善用情绪来增进感情。

一方遭遇过童年情感忽视

马歇尔和梅

在独自开车回家的路上，马歇尔陷入沉思。他回忆着昨晚和他的妻子梅之间发生的事情：马歇尔走进门，把公文包放在地上，弯下腰向他的两个孩子伸出双手，他们一边叫嚷着"爸爸"，一边跑到他的怀里。随后，拥抱变成摔跤游戏，他还为两个孩子挠痒痒。

"孩子们，从爸爸身上下来！他工作一天已经很累了，没办法应付你们这些不成熟的行为。"梅一边走进房间，一边大声宣告。马歇尔看到孩子们从他身上离开，他们的小脸耷拉下来。他的心一沉，站起来给了梅一个拥抱。梅心不在焉地半抱着他，同时从他的肩膀上方看过去。"你今晚能不能把那个破的窗户修好，并且看一会儿孩子？"她一边问，一边转身跑到地下室拿东西。

看着孩子们玩耍，马歇尔感到心里有点儿不是滋味——难过、迷惑、孤独。是的，他确实很孤独。

当孩子们上床后，他对梅说："梅，我需要跟你说会儿话。我总觉得我们之间出了什么问题。"

"什么？你在说什么？我听不懂。你难道不爱我了吗？"梅的泪水在眼睛里打转。

"我当然爱你，跟以前一样，"他安慰着梅，接着道，"只是……我不知道这是种什么感觉。我只是觉得事情不该是这样的。"讲完这些话，他发现梅的眼泪已经消失了。梅已经得到了她需要听的那句话（"我当然爱你，跟以前一样"），剩下的话对她不起作用了，她看起来思绪已经飘远了。

"马歇尔，说实话，我们彼此相爱是最重要的，不是吗？我是说，我想你可能对某些事太敏感了。讲真的，我希望你能更开心。"

马歇尔看着梅，深深地意识到他已经失去了她的关注和兴趣。无助的他试图组织语言向她解释这是一个严重的问题，并且需要她试着去理解。

然而，挫败、受伤又生气的他说不出一个字。

让我们快进到第二天晚上，又到了马歇尔开车回家的时候。

"我疯了吗？这是我的问题，还是她的问题？她说得对，我们彼此相爱，但是这就够了吗？我知道一段婚姻应该需要更多。为什么她不像我一样觉得缺少点什么？我该怎么给她解释这些呢？我怎样才能让她来跟我交流呢？"马歇尔喃喃道。

以上例子描述了一个没有遭遇过童年情感忽视的人（马歇尔）与一个遭遇过童年情感忽视的人（梅）在婚姻生活中的一幕。只有马歇尔觉得有点不对劲。他在一个情感丰沛的多彩世界里长大，而现在他的家庭生活充斥着梅的情感风格（黑白色调）。

与一个遭遇过情感忽视的人做伴侣，你会很难理解问题出在哪里。你可能常常问自己："问题出在我这里，还是伴侣那里？我的期待是不现实的吗？婚姻就是这样的吗？我是不是依赖感太强了？我是不是太挑剔或者小题大做了？"对于没有经历过童年情感忽视的伴侣来说，他们的脑海中常常浮现这些问题。

在梅看来，除了马歇尔会偶尔表达不满，婚姻里的一切都很好。"我希望你能更开心"是一个遭遇过情感忽视的伴侣典型的回答。虽然梅爱着马歇尔，并且真心希望他开心，但是她不具备能力或者情绪觉知力来理解他的情感需求。她可能会将马歇尔正常的情感需求看作依赖，甚至是他的弱点。不论梅和马歇尔多么般配，或者他们多爱对方，随着时间的推移，他们的关系都可能陷入更困难的境地。

一个可能的结果是，马歇尔会厌倦敲打梅的心墙，并且对她的所作所为感到气愤。在这段关系中，越来越孤独的他，可能最终会感到无望。

另一个可能的结果是，梅对马歇尔以及他的情感需求变得厌烦，甚至感到窒息。她缺少处理情感的技巧来沟通或者解决问题。时间一长，分歧、受伤和痛苦在双方心中积累，慢慢腐蚀了伴侣之间的积极联结。最终有一天，他们可能会悲哀地发现，彼此已经形同陌路。

幸运的是，在只有一方遭遇过童年情感忽视的伴侣中，另一方知道，在他们的关系中缺少点什么。这一点让这对伴侣拥有超过很多人的优势。梅的童年情感忽视经历不是她的选择或者过错，而且马歇尔能意识到这一点。他可以看到，梅是个善良努力的人，而且她爱着马歇尔。在这段感情中所有缺失的东西，都有可能被重新获得。以上这些因素对他们未来关系的改善都起着很重要的作用。

现在让我们来看看下一个例子。这个例子里的伴侣双方都遭遇过童年情感忽视，他们都为一个无法辨认又无法描述的隐形问题感到不解。

双方都遭遇过童年情感忽视

奥莉芙和奥斯卡

奥莉芙和奥斯卡坐在桌子两边，静静地吃着周日早餐。

"还有更多咖啡吗？"奥莉芙一边用电脑看新闻，一边心不在焉地问。恼怒的奥斯卡猛然站起身来去查看咖啡机。

"她为什么总是问我？她太会操纵别人了，她就是懒得自己走到咖啡机这边来。"他在心中挑剔道。奥斯卡带着咖啡壶回来，往奥莉芙的杯子里倒上咖啡。奥斯卡稍微用力将空壶放在桌上，叹口气坐下，并怒视着奥莉芙低下的头。

奥莉芙听到放咖啡壶的声音和叹气声，觉得有点不对劲，快速看了他一眼。她看到奥斯卡已经沉浸在他的报纸里了。她低头继续看电脑，却很难集中精力阅读。

"我想知道奥斯卡怎么了,"她沉思着,"他最近看起来很易怒。我想知道,他最近的工作压力是不是太大了。肯定是因为他的工作压力太大了。"

思考之后,奥莉芙决定这一天避开奥斯卡,希望给他一些独处的时间来帮助改善他的情绪(顺便让他们之间保持一点距离)。奥莉芙还计划在晚餐时问问他的工作,看看是否真的是压力的缘故。

那天晚上,当奥莉芙做完杂事回家时,她看到奥斯卡已经为两人准备好晚餐了。坐下吃饭时,奥斯卡看起来情绪好些了。

与奥斯卡短暂交谈过杂事后,奥莉芙问道:"今天工作怎么样?"

奥斯卡不解地看着奥莉芙,回答道:"不错。你为什么问这个?"

"没有原因,"奥莉芙为他的话感到宽心,随即又问道,"你想在吃饭的时候看一集《权力的游戏》吗?"

他们沉浸在电视剧里,安静地吃晚餐。

双方都遭遇过童年情感忽视的伴侣,虽然在很多方面和其他伴侣很相似,但他们有特殊的一面。他们的关系充斥着猜不透的错误假设和错误解读。不幸的是,没有一方拥有沟通技巧来真正发现另一方的想法、情绪或做事的动机。

"也许你应该直接告诉我，你想要什么生日礼物，而不是说你不在乎。"

在所有的关系中，人们都会产生挫败感和冲突。然而，因为双方都不知道怎么谈论这些事情，所以只有很少的一部分事情会被提及或者解决。这种相处方式很容易造成消极对抗型的报复，它会在夫妻没有意识到的情况下，蚕食婚姻里的温暖和关怀。在这种关系里，双方在沟通时会做出细微又迂回的举动，例如回避眼神交流、忽视对方或者遗忘彼此间的问题。然而，这些举动并不能解决问题。

在上面的例子里，奥斯卡将奥莉芙沉浸于阅读中的行为误解为她在"操纵"别人，而奥莉芙将奥斯卡对她的不满误解为他工作上的压力。奥莉芙没有在当下直接解决问题，而是选择了回避一整天。因为她在晚餐时问奥斯卡的问题太过简单，又偏离了目标，所以不会得到有用的信息。她最终得到了让她安心的错误判断：她以为奥斯卡的心情奇迹般地变好了，并且本来也没什么问题。

就这样日复一日、年复一年，奥斯卡觉得奥莉芙懒惰又爱控制别人，奥莉芙对奥斯卡工作上的压力长期保持警戒。他们之间巨大的不协调，导致两个人在不同的世界中生活，最终渐行渐远。

奥莉芙和奥斯卡有时候感觉他们在一起时比不在一起时还要孤独，他们之间有一道不可跨越的鸿沟。虽然他们都感觉到有什么重要的东西出错了，但悲哀的是，他们都无法有意识地描述或者称呼这种感受。

幸运的是，奥莉芙和奥斯卡有很多潜力。他们拥有很多情绪，只是没有意识到这些情绪，也不知道如何善用情绪来增进感情。他们婚姻的核心是陪伴、经历、关心和爱。他们的婚姻缺少的只有觉知和技巧，而这两样他们都可以学习到。很可能有一天，他们中的一个人在情感上"醒过来"，去敲打另一个人的心墙。

当你继续阅读时，你会发现接下来要发生的事恰好验证了这种可能性。

第 2 章

童年情感忽视是否影响你的择偶

　　如果你的空虚感可以静静地待在那里不动，那么你会很容易处理它。然而事实上，空虚感不会就这样束手就擒。

很多因素影响了我们对伴侣的选择。我们居住的地方、职业、兴趣、爱好、宗教等都会在很大程度上影响我们可能遇到的人，从而影响我们潜在伴侣的选择范围。

你的童年经历对择偶有着至关重要的作用。童年情感忽视在你的心中留下了印迹，而这个印迹将影响你生活中的所有决定，包括选择与谁共度一生。

童年情感忽视影响择偶的五种方式

第一，你自然地寻找童年时父母给予的那种爱。一个孩子对于爱最初和最基本的体验，来自他与父母的关系。在父母养育你的过程中，他们表达爱意的独特方式会被你吸收内化。这种爱（无关于品质高低或者是否完整）会跟你的大脑融合，从而成为你整个情感生活的一部分（Moore，Kinghorn and Bandy，2011）。你小时候所经历的那种爱会是你在成年后觉得真实、舒适和自然的爱。

事实上，这解释了为什么许多来自不和睦家庭的人会在成年后与自己的伴侣和孩子重复建立一个不和睦的家庭。他们寻找并找到使他们感到真实和舒适的环境，这会让儿时遭遇的不幸循环往复。

成长在一个童年情感忽视的家庭，你可能得到了很多爱的点缀：父母给你提供漂亮的房子、好看的衣服和优越的教育，而你感受到的爱却缺少了情感内涵。于是，在成年后，当你遇到富有情感内涵的爱时，会感到深深的不适。这种爱可能让你有压迫感、觉得过分或者仅仅是感到"不对劲"。讽刺的是，为了寻找那份让你舒服的、感觉更"对"的爱，你可能会离开一个给你隽永真爱的人。

这样一来，那些经历过童年情感忽视的人会自然而然地被有同样经历的人吸引。那些被忽视的人可以给予彼此一种舒适感，这种舒适感就"像"爱，而且从很多方面来说就"是"爱。虽然这种舒适感能够联结彼此，并且会保持一段时间，但是它缺少深层的情感质量和处理情感的技巧。拥有深层的情感质量才能让爱情持续燃烧，掌握处理感情的技巧才能让爱情更加浓烈。所以，仅仅靠舒适感支撑的爱情会导致伴侣双方几十年的失望和困惑，就像你之前看到的两个例子一样。

奥莉芙和奥斯卡都遭遇过童年情感忽视。当他们相遇时，他们都从对方身上得到一种安全感。他们可以满足对方低水平的情感需求，并且他们处理情感的技巧也相配，而当遇到一个需要真实情感联结和亲密关系的伴侣时，他们会感到窒息。

第二，过早的承诺源自你对填补空虚感的强烈需求。 你在成长的过程中压抑了自己的情绪。现在作为成年人，你在每天的生活中缺乏与自己情绪接触的恰当途径。你的情绪本该为生活注入色彩、意义和情感联结，但是它被你的心墙挡住，无法与你接触。这片被挡住的空间正是你心中的空虚感。

如果你的空虚感可以静静地待在那里不动，那么你会很容易处理它。然而事实上，空虚感不会就这样束手就擒。你空虚的内心仿佛是一个吸尘器，牵引着一些事、一些人来把它填满。你可能试图用食物、酒精、购物、赌博、工作、一大堆纷乱嘈杂的事情或者暂时的奖赏来填补你的空虚感。你也可能像很多人一样，试图通过一段关系来填补它。这个吸尘器的强大牵拉力将你置于风险之中，让你在全面了解对方之前就过早或过快地做出承诺。

第三，你因害怕面对或表现出对他人的依赖而无法做出承诺。当你还是个孩子的时候，你不被允许拥有某些情感需求，甚至不能拥有任何情感需求。你内化了这段经历，认为自己的需求是软弱的表现，是错误甚至可耻的。作为成年人，你拼命地保证自己永远不要示弱。你小心翼翼地从不表露任何情感脆弱的一面。

许多优秀的人都成长于童年情感忽视的家庭。他们特别害怕面对或者暴露自己的情感需求，所以没办法允许自己需要或者寻找一个伴侣。你比别人都更晚谈恋爱吗？当别人问到你的生活中有没有特别的人时，你会不会被吓得脸色发白？在约会时，你会很难向对方敞开心扉吗？这些迹象都表明，你在保护自己和他人免受自己合理需求的困扰。你为拥有这些情感需求而感到羞耻。

虽然你可能并没有发现，但是你在情感上已经"关店歇业"了。

第四，生活在乏味世界的你，选择跟一个情感强烈的人结婚。 的确，很多童年情感被忽视的人都会愿意跟有类似经历的人在一起。然而对于其中的一些人，童年情感被忽视可能会带来相反的作用。

我们知道情感忽视会让生活看起来既单调又没有意义。所以，当你环顾四周时，你可能感觉其他人的生活更生动丰富、多姿多彩。与此同时，你内心的空虚感会促使你去填满内心。

这两种动力可能会一同起作用，吸引你去寻找一个充满光明的人，这个人对事物的感受更深刻强烈。当你跟一个情感强烈的人在一起时，你为自己的生命注入了能量。你在更安全的情况下，通过伴侣体会到了情感的光明。

如果你的伴侣情感强烈且稳定（像马歇尔那样），与他结婚可能会带给你数年的美好时光。然而，如果你的伴侣情感过于强烈或者不稳定（这种不稳定来自心理障碍，比如边缘型人格障碍），你可能会发现自己仿佛置身于一辆摇摇晃晃的车中。生活在别人情感世界里的问题在于：你对这份情感毫无把控（参见兰迪·克雷格所著的《边缘型人格障碍》）。

一个情感被忽视的人与一个情感强烈的人（即使这个人像马歇尔一样拥有稳定的情绪）结婚有一个问题：情感强烈的伴侣会想要并且需要与你达到情感上的亲密状态。如果他的情感需求没有得到满足，他就会感到情绪受阻，甚至感到无聊。他会敲打你的心墙试图靠近你，好像马歇尔对待梅那样。最终，他可能会厌倦这种孤独感。

特别提示：如果你经历过童年情感忽视，并且有一位像马歇尔一样的伴侣，你现在可能会感到一些由你的经历所带来的罪恶感。对此，我想要提醒你两件重要的事：①拥有童年情感忽视的经历不是你的错。②现在你知道了前因后果，你可以开始疗愈自己，并与你的伴侣一起疗愈你们的关系。因为你的罪恶感会阻碍疗愈的进程，所以请把你的罪恶感放到一边，并继续阅读本书。

第五，欲求过少的人会吸引欲求过多的人，你会跟一个自恋者结婚。一个童年情感被忽视的人与一个自恋者的结合很特别。他们之间的吸引好像手和手套一样，只有极端相反的人可以体会。罗斯·罗森博格在《人类吸铁石效应：为什么我们喜爱那些伤害我们的人》中描述了伴侣之间性格相反却相配的原因。

自恋者也经历过童年情感忽视，还经历过情感、身体或语言方面的暴力。在孩童时期，他们由于拥有某种能力或者通过某种表现让他们的父母开心，从而获得表扬或者让父母感觉自己很特别。当他们满足了父母的情感需求，或者假扮成父母喜欢的样子时，父母的爱仿佛聚光灯一样照亮了他们，这解释了为什么自恋者常常是焦点人物。他们寻找"聚光灯下的爱"，同时占用了很多物理、情感或语言上的空间。他们可能会寻求关注或荣誉，坚持用他们的方式做事说话，具体的情况因人而异。

还有谁会比童年情感被忽视的人更适合自恋者呢？你表达很少的需求，你安于没有存在感，你是个欲求过少的人。这是一种对双方都很强大的吸引力，让一对不同的人相互吸引。

在某种程度上，你可能会觉得在自恋者的阴影下生活相对舒适。毕竟，一个自恋者不会敲打你的心墙，因为他可能并不真的在意你。他不会鼓励你去表达自己的需要或者想法，因为他不想听到这些。他会乐于自由地从你这里不断索取，你自然地给予他温暖和照顾。他的情感会填满你空虚的内心，他的需求会取代你被压抑的需求。

在几个月甚至是几年的时间里，你可能会满足于这段关系。然而，随着时间的推移，你的安全感可能会慢慢降低。你感到的可能不仅仅是被他忽略，还有被他践踏甚至虐待。就像你的童年侵蚀了你的自我，你的伴侣在延续这个让你失去自我的过程。

总　　结

不论童年情感忽视是否对你的择偶造成了影响，只要它影响了你的生活，它就可能影响你跟伴侣的关系。所以，我们将继续讨论童年情感忽视对你的亲密关系（婚姻或者恋爱关系等）造成的影响。在下一章我们会谈论下述问题：如何在你的关系中辨认童年情感忽视？一段童年情感忽视造成的关系会带给你怎样的感受？如何与你的伴侣讨论这个话题？最重要的是，我会带你走过修复和治愈关系的过程。

第 3 章

童年情感忽视对亲密关系的影响

当你和情侣之间没有建立完善的情感联结时，你
会产生比单身时更痛苦的空虚感和孤独感。

想一想所有你生活的必要组成部分：你的房子、你的家庭、你的孩子、你的婚姻、你的社区、你的工作和你的财产。这里的每个因素都影响着你的生活质量和幸福感。经过研究调查，哪个因素会对此产生持续的决定性影响呢？

答案是你的长期关系的质量（Helliwell and Grover，2014）。事实上，跟自己挚友结婚的人获得了最可观的积极影响。

不论你结婚与否，你的主要亲密关系都会深刻影响着你的总体生活满意度。然而，人生中最难控制的就是亲密关系。

那些经历过童年情感忽视的人会更难维系亲密关系。

想要得到一段成功的、有适应性的关系，你们需要共同创造出高质量的情感亲密度。这要求你具备四种重要技能。当你阅读下文时，请反思自身：哪种能力是你最擅长的？哪种能力是你最不擅长的？如果可以，请记下笔记，这些信息会帮助你学习第 5 章的具体技巧。

建立情感联结的四种技能

1. 情绪觉知力

通过运用情绪觉知力，你可以观察到自己的行为和对事物的反应，以及理解相关的情绪。我有什么感觉？为什么？

我的伴侣现在有什么感觉？我刚才为什么那样说话？是什么促使我的伴侣做了刚才的事？当双方觉知到情绪，并且理解它与行为和选择之间的关系时，他们会加深对自己和对伴侣的理解。这既会减少误解和纷争，也会使解决问题变得更方便。接下来，我们看一下马克和贝丝是怎么运用情绪觉知力的。

⊙ 贝丝看着马克稍稍低着头向她走来。她从马克的动作看出他很内疚。于是，她将自己的表情放柔和，以便他向自己道歉。

⊙ 马克觉察到贝丝声音里的不悦，于是问贝丝："你在为什么事情而感到心烦？"

⊙ 贝丝意识到，这已经是马克在两天里第三次提到他对母亲感到沮丧了。于是，她问马克："你们母子之间发生了什么？你最近看起来对她有些不满。"

⊙ 因为马克知道贝丝对她自己的体重很敏感，所以他花更多的精力提醒贝丝她很漂亮。

上述每个例子都表现出马克和贝丝能够觉察到对方的情绪，了解对方的情感需求，以及对这些情绪和情感需求做出富有同理心的反应。马克和贝丝都展示了由情绪觉知力带来的一定程度上的温暖和关怀。

2. 情绪能力

　　情绪能力让你能够识别和接纳你的感受，容忍和管理你的感受，并将你的感受用语言形容出来。对此，我们会在第 4 章进行深度讨论。下面的例子展现了贝丝利用情绪能力与马克相处的情景。

> ◎ 我的胃很痛，我的喉咙像是被什么堵住了。这说明我很难过。
>
> ◎ 我为什么感到受伤？肯定是因为马克刚刚不假思索的评论。他在暗示我很虚荣。
>
> ◎ 这种情绪告诉我什么？它强烈到我觉得应该跟马克说点什么。
>
> ◎ 我需要问问他到底什么意思，并且让他知道我受伤了。

　　对于没有遭遇过童年情感忽视的读者来说，这个过程可能看起来很简单。事实上，在这个情景中，贝丝使用了在生活中学到的多种处理情绪的技巧。然而，这些技巧不是人们生而就有的。很多人在成长过程中，并没有从家庭中经历这类事情或者学到这些技巧。

　　在这个例子里，贝丝觉察到自己很难过。她可以意识到自己为什么有这种感受。她接受自己情绪的正当性，并且倾听情绪带给她的信息。"受伤"的感受激励她去跟马克沟通。

这次交流（即使它包含一些冲突）会帮助马克更理解贝丝。贝丝给了他解释的机会，并且这次交流让他以后跟贝丝谈话时更谨慎。

3. 沟通技能

了解自己和伴侣的情绪是至关重要的。等你拥有了这些知识，接下来该怎么做呢？发挥沟通技能的时候到了。你怎样告知伴侣，他让你生气了？你怎样告诉伴侣你对他的需求？你传达一个困难信息的方式与内容本身同等重要。

马克不认识派对上的任何人。尽管派对开始前马克曾要求贝丝跟他待在一起，但贝丝还是在派对上冷落了他。马克对贝丝的做法感到受伤和生气。

糟糕的沟通方式

- **消极对抗型沟通**："我要让她知道这是什么感觉。我要在下周的公司派对上冷落她。"马克决定。
- **攻击型沟通**：在派对上，马克走到贝丝跟前，愤怒地低语道："你真自私！我以后再也不跟你参加派对了。"
- **嘲讽型沟通**：贝丝刚坐进向家驶去的车里，马克就愤怒地说："我真希望你在派对上玩得很开心，反正我不开心。"

消极对抗型沟通实质上是一种报复。虽然马克认为"以牙还牙"的方式可以给贝丝一个教训，但结果并非如此。贝丝很可能无法将马克在派对上的行为跟她自己之前的行为联系在一起。即使她可以，她也会因此对马克感到愤怒。消极对抗的本质是想从两次错误中得到公平，长此以往，这种方法将会使一段关系充满负能量。

在攻击型沟通的例子里，马克通过指责和攻击的方法来交流，而且他选择的时间点很糟糕。他的语言、语气以及选择在派对上表达想法，都促使贝丝不会想解决这个问题。她可能觉得受到攻击和伤害，还可能会感到难堪。不幸的是，马克的情感需求将进一步受挫。

在嘲讽型沟通的例子里，马克等到贝丝已经没机会补救时才去交流。他没有适时直接地表达自己的感受。嘲讽仿佛是毫无防备的当头一棒。贝丝会感到被指责和攻击，然后立刻启动心理防御机制。一旦贝丝开启心理防御机制，马克的沟通就没有作用了。

还有很多无效的沟通方式无法全部在这里一一细说。如果你从以上例子中看到了哪怕一点点你或你伴侣身上的影子，那么你们至少有一个人没有在原生家庭里学到有效的沟通方式。

好的沟通方式

◎ 马克将手放在贝丝肩上，对她耳语道："你知道我不认识这里的任何人。别忘了跟我待在一起。"

❍ 马克等到他们一起开车离开时，问道："贝丝，我以为我
们会在派对上待在一起的。发生了什么？"

在第一个例子中，马克的沟通方式很完美。他在派对上向
贝丝表达了他的需求，并给她机会来及时解决这个问题。他没
有埋怨她，而是简单地提醒她。通过这种方式，他不仅将她往
好处想（她不是故意冷落他），还用容易接受的方式提醒她，让
她愿意解决这个问题。

在第二个例子中，贝丝没有机会在派对上解决这个问题。
然而，马克还是用一种温和、不责备对方的方式与她沟通。提
问题是避免攻击对方的好方式，而且能提供给对方机会为自己
辩解。这促使人们在谈话中解决问题，而不是在攻击和防御中
升级矛盾。

4. 自我认知能力

通过运用自我认知能力，你将理解自己的反应和感受，
预测自己的行为，并且做出正确的选择。如果你想与伴侣建
立情感联结，那么深入了解你自己甚至要比深入了解你的伴
侣更加重要。了解你自己意味着拥有情绪觉知力乃至上述各种
能力。

❍ 你想要什么？

◎ 你对什么有热情？

◎ 你喜欢什么，不喜欢什么？为什么？

◎ 你喜欢谁，不喜欢谁？为什么？

◎ 你的优点和缺点是什么？

◎ 你会用什么词来形容自己？

◎ 其他人怎么看你？

◎ 你最喜欢的活动是什么？

在情感忽视的环境中长大的你，不一定有机会了解有关自己的重要事情。当你的父母不常问这些问题，并且没有注意和深入了解童年的你时，他们无法告诉你：真实的你是怎样的人。虽然成年的你可能会极其灵活而且要求不高，但是当你需要回答上面的问题时，你可能没有答案。

深入了解你自己，是你与伴侣建立亲密关系的必要条件。知道类似上面问题的答案，可以使你在交往中保持底线。你需要通过清晰、坦率、直接的自我展现来让你的伴侣了解你。这是伴侣唯一能让你幸福的方式。

你的伴侣可能会问你："你今晚想做什么？你最喜欢什么颜色的沙发？我们应该怎样处理这个情况？你的想法是什么？你偏爱什么？"对方需要你尽可能地给出一个明确的答复，否则对方只能独自做决定，或者更糟的是，对方会试图猜你的心思，而这对沟通无益。长此以往，这些做法都很有可能会埋下怨恨和疏远的种子，从而导致麻烦。

童年是练习上述四种技能的时期。如果你能体验到父母之间以及他们跟你之间的有效沟通，自然而然你就能培养和锻炼这些技能。

当你的父母能觉知自己和你的情绪时，你会学到如何了解自己的情绪，以及这些情绪意味着什么。

当你的父母知道如何辨认、容忍、倾听、使用和表达他们的情绪时，你只需要在他们身边就可以学到这些技能。

当你的父母看到你的本性，回应真实的你，并把他们看到的东西（你的优点、缺点、品质、喜好、才能、敏感点）反馈给你时，你也会更了解自己。

如果这些技能在童年都发展得很好，那么你在进入成人阶段时就能更好地建立有弹性的亲密关系。

可惜的是，很多人都没有在儿时获得足够的训练。你的父母有这些技能吗？如果没有，那么他们没办法给你那些连他们也没有的东西。

接下来，会发生什么呢？你长大了，坠入爱河，迈入婚姻，并且幸福地生活了一段时间。

然后，问题出现了。

如何得知童年情感忽视是否影响了你的亲密关系？

如你所知，童年情感忽视是无形的，而且大部分遭遇过它的人完全没有意识到这件事。这意味着众多的关系被一种无形的力量压制着。那么，如何知道童年情感忽视是不是作用在你的亲密关系中呢？

　　如果你或你的伴侣已经在做一些有关情感忽视的功课，那么你已经知道了它对你们关系的影响。当一方感觉不到自己的情绪，缺少情绪觉知力和情绪能力时，这段感情不可能不受影响。

　　尽管你知道情感忽视影响了你的亲密关系，但了解具体的影响也很重要。如果你因为怀疑伴侣遭遇过童年情感忽视而阅读本书，那么本书可以帮助你寻找相关的迹象。

　　在与来访伴侣第一次见面时，通过考察他们在亲密关系中是否有以下五种表现，我会判定他们是否遭遇过童年情感忽视。它们是随着时间的推移而表现出的总体特征，或是能在特定时刻被观察到的特殊表现。在你阅读每种表现时，想一想哪个是你、你的伴侣或者你们都有的表现。

童年情感忽视在亲密关系中的五种表现

1. 避免冲突

　　避免冲突的本质是不情愿有冲突或者争吵。对于有童年情感忽视的情侣，避免冲突是其最典型的、最具有破坏性的标志。

　　你相信吗？在一段亲密关系中，适当的争吵是健康无害的。两个生活紧密相连的人在几十年的生活里不可能没有成百上千次的观念冲突。

避免冲突会严重破坏一段亲密关系。你和你的伴侣不但无法通过回避来解决问题，还会因为问题没得到解决，从而滋生愤怒、挫败和伤害，它们侵蚀着你和伴侣应该享受的温暖和爱。

有迹可循

⊙ 你试图不提及伤感情的话题或使你愤怒的问题。

⊙ 你对冲突或争吵感到的不安导致你对问题避而不谈。

⊙ 你觉得，提到负面的东西就可能打开潘多拉的盒子（引来难以预料的灾祸）。

⊙ 你和你的伴侣在不开心或者生气时使用冷暴力。

2. 在亲密关系中感到孤独或空虚

一段长期稳定的亲密关系应该是可以避免孤独感的。确实，当一段感情进展顺利时，你知道另一个人会永远支持你并带给你安慰。你不是一个人面对这个世界。你不再是自己一个人，而是两个人。

可是，即使你被一群人包围，也完全有可能感到深深的孤独。当你和情侣之间没有建立完善的情感联结时，你会产生比单身时更痛苦的空虚感和孤独感。

有迹可循

⊙ 即使你跟伴侣在一起时，你也会深深地感到自己是孤身一人。

◦ 在跟伴侣相处时，你缺少一种携手共进的团队感。

3. 谈话大多停留在表面

每对伴侣都需要谈论些什么。拥有情感联结的伴侣，在谈论他们的情绪和情感需求时相对容易，而对遭遇过情感忽视的人来说并不是这样的。如果你遭遇过童年情感忽视，你会停留在"安全"的话题上，比如时事、家务事或者孩子。尽管你们可以一起做计划，你们可以谈论孩子，你们可以谈论时事，但是你们无法谈论自己的情绪。你很少谈论关于情绪的深度话题。当你谈论这些话题时，你会觉得尴尬或者为难，只有寥寥数语。

当你与伴侣愿意敞开心扉，愿意探索问题，愿意就感觉、动机、需求和问题进行交流时，你们更容易建立健康的亲密关系。

有迹可循

◦ 对你们两个或者其中一个人来说，谈论与情绪相关的话题是个巨大的难题。情感上的亲密需要双方都愿意展现出脆弱的一面。当你们别无他法，必须要讨论某件感性的事时，这会是一个空前的挑战，因为用语言描述情绪几乎是件不可能完成的事。最终，你或你的伴侣通常会发脾气或者直接抛弃该话题。

⋄ 你和伴侣之间很难找到共同话题。你吃着结婚周年纪念日的晚餐，期待能感到温暖，然而在桌子两端的你们之间仿佛有道鸿沟。你们的对话通常会显得不自然或者尴尬，特别是在结婚周年纪念日这样本该充满温馨的场合。

⋄ 你和伴侣至少有一人不善于表达情绪。

"需要现磨胡椒粉，还是心理咨询？"

4. 缺少情感上的亲密

　　极少数伴侣知道"情感上的亲密"代表什么，以及如何培养它。情感上的亲密是维持关系的"胶水"，也是使关系保持趣味的"调味料"。尽管它很重要，但你很难得知它是否存在。这是有童年情感忽视的人与伴侣相处时遇到的最大挑战。你怎么得知你们之间缺少情感上的亲密呢？

有迹可循

- 在伴侣面前流露情绪会令你感到不舒服。当你感到伤心、愤怒、紧张、心烦、受伤、迷茫、脆弱或者不知所措时，你试图向伴侣掩盖你的情绪。你可能不想让伴侣有负担，或者不想表现得软弱，或者希望保持积极向上的状态。

- 你常常诧异于伴侣对你的不了解。你们在一起很长时间，以至于你以为你们能预测对方的行为或决定。可是，你的伴侣常常误解你，或者错误地预测你的行为。

- 你们中至少有一人常常误判自己的感受，比如当伴侣坚称自己"没有生气"时，却明显地表现得很生气。

- 虽然一方对这段关系表现出深深的不满，另一方却表示自己非常幸福。当一对情侣拥有情感上的亲密时，如果一方不开心，那么另一方也不可能开心。

- 虽然你喜欢并爱慕你的伴侣，但总感觉缺少什么。你通过上述的某种方式隐瞒你的感受，导致你们的关系缺少使其丰富且有意义的东西。尽管这种感觉很难用语言表述，但是你可以隐隐约约地感知到一个关键事物的缺失。

- 虽然你们喜欢并爱慕对方，却过着各自的生活。你们仿佛两个互相围绕的行星，只是偶尔会相遇。因为你们之间缺乏联系和协作，所以只好各自追求适合自己的路线，不管这个路线是否会让你们在一起。

5. 缺乏激情

如果你和伴侣已经在一起很长时间，那么你可能会想："行了吧，韦布博士，结婚多年的夫妻哪里还有激情？"

我的回答是：很多夫妻都有。激情确实会随着时间的推移而改变。然而，在一段有情感联结的关系里，激情不会消失，只是随着时间的流逝而变得柔和与复杂。激情的表现形式从之前的"想一直待在一起""想尽快发生性关系"，变成现在的"因为知道伴侣在身边而感到舒适"。在小别之后，你期待再次见到你的伴侣。你渴望身体上的亲近，愿意深入了解彼此的性需求，并且拥有在性生活中满足彼此的动力。

在冲突期间和冲突之后，你和伴侣会表现出激情。冲突带来的强烈情绪是激情的一种表现方式。在你们共同解决了冲突之后，彼此会产生信任感并建立情感联结，这也体现了激情。

很多夫妻不知道他们可以并且应该拥有激情，也不知道怎么判断自己是否有激情。下面是缺乏激情的几个迹象。

请留意你和伴侣是否有以下感受或行为。

◦ 你们很少争吵。
◦ 你们缺少私下和日常的身体接触。
◦ 你们感到性生活不足，或者缺乏性欲。
◦ 你们缺乏见到对方的渴望或情感需求。

童年情感忽视对亲密关系造成的裂痕

马歇尔和梅

在我与马歇尔和梅的第一次访谈中，我的心沉了下来。马歇尔主动提出要来参加婚姻咨询，梅则迫于压力前来。当马歇尔倾诉他的痛苦、挫败与无助时，梅坐在那里，脸上挂着一丝困惑的微笑。

"梅，你对马歇尔讲的话有什么感觉？"我问她。

梅微笑着，眼神透露出一丝感伤。"我不明白马歇尔出了什么问题，"她说，"我认为他需要静静。我认为我们的婚姻状况很好。"

在马歇尔和梅的婚姻中，只有马歇尔清醒地意识到他们之间的鸿沟。在情感上，他觉得自己与梅相距万里之遥。每次他试图与妻子建立情感联结时，他都在面对梅那无法逾越的心墙。

然而，梅却有另一番体验。在童年时期，原生家庭成员时常忽略她的感受，以至于她建立心墙来防止感知自我情绪——感知不到自己的情绪，也就感知不到别人对自己的忽视。然而，这也让她无法对马歇尔敞开心扉。虽然梅感到了生活中的空虚，但她无法将之归咎于缺乏"情感上的亲密"——一种她未曾得到过的东西。她在婚姻中觉得舒适，因为这段关系再现了童年时相同程度的亲密感。当她的情绪被心墙所阻挡时，她的伴侣也与她相隔甚远。当马歇尔敲打并要求进入她的心墙时，她会感到不自在。

每个遭遇过情感忽视的人都会建立回避情绪的独特系统。在面对他人的情感需求时，他们可能会开怀大笑，或身体僵硬，或喋喋不休，或坐立不安，或更换话题，或离开房间。之前，在马歇尔试图与梅讨论他的情感需求时，梅使用了微笑和屏蔽模式。

在咨询室里，梅用微笑来"保护"自己、马歇尔和我免受她情绪的打扰。微笑是她在原生家庭里学到并使用的一种工具。微笑所表达的"快乐"情绪是在很多情感忽视家庭里唯一被接受的情绪。一个微笑的小孩或者大人不会让任何人担心，一个微笑也不会引起注意或者有所请求。微笑不仅能取悦他人，也在向这个世界保证："不要担心我，我很好。"

梅的微笑和她对问题的否认都是她与马歇尔保持距离的方法。当然，她不是有意识地选择这两种方法。毫不夸张地说，它们扎根在她的童年里，而且她只知道要这样做。

童年情感忽视的特殊之处在于，它不引人注目。通常情况下，它不会引发吵架，也不会塑造"坏人"。伴侣双方可能很难采取行动，去解决一个模糊又难以描述的隐形问题，同时也很难去抱怨一个本质上无私又充满善意的伴侣。

可以肯定的是，当伴侣中出现未曾面对或者疗愈童年情感忽视的人时，伴侣双方会在分歧的道路上渐行渐远。他们的情感需求无法得到满足。

只要有一方对这段婚姻感到不舒服，从而去质疑另一方，那么这对夫妻的成长潜力便是无穷的。伴侣双方完全可以学习如何建立情感联结、化解冲突、使用情绪能力等。像马歇尔和梅这样的夫妻其实颇具潜力来改善关系。

当然，不是每对有童年情感忽视经历的夫妻都像马歇尔和梅一样。童年情感忽视的经历在一段关系中可能有不同的表现形式，而具体的表现形式在很大程度上取决于双方的性格。

奥莉芙和奥斯卡

当奥莉芙和奥斯卡来到我的办公室时，他们的婚姻出现了严重的问题。多年以来，他们几乎没有沟通，误解和臆断像无人打理的野草一样生长。他们两个近乎面无表情地坐在我的沙发上，词穷地向我解释他们为什么来这里。

"我受不了这段婚姻，"奥莉芙直截了当地说，"我们结婚这么多年，奥斯卡却一点也不了解我。"

"我了解她，事实上非常了解，"奥斯卡说，"而且这就是她'受不了'这段婚姻的真实原因（奥斯卡用了讽刺的语气说'受不了'）。她从不承认自己做事的真实原因。"

我对首次面谈时奥莉芙和奥斯卡的这段对话感到惊奇。有意思的是，仅仅通过与奥莉芙短暂的交流，我就可以断定，她不是奥斯卡口中的"操纵者"。我还注意到奥斯卡看起来完全没有察觉到奥斯卡的愤怒。

奥莉芙这种突然宣告要离婚的行为，是遭遇过童年情感忽视的人的典型表现。她缺少处理多变情绪的沟通技巧，也不能理解或者用语言陈述她所遇到的种种问题，而上述行为是她能够表达自己强烈感情的唯一方式。我发现，很多遭遇过童年情感忽视的人，在下定决心表达自己的痛苦时，都容易发出这种极端的声明。

因为奥莉芙和奥斯卡都遭遇过童年情感忽视，所以在他们的婚姻中有两堵心墙。悲哀的是，在他们的婚姻中，没有人会去敲击对方的心墙。这么多年来，他们之间的鸿沟一直在扩大。他们都是聪明、善良、招人喜欢的人，并且他们看起来应该能成为很般配的一对。除了误解和愤怒，我还能感受到他们之间的爱。

奥莉芙和奥斯卡在儿时没有感受过情感上的亲密。他们既没有在家庭中体会过情感上的亲密，也没有观察到父母之间存在情感上的亲密。他们都是聪明、有爱心的善者，却都没有建立与自己情绪的沟通渠道，也不具备情绪能力来与伴侣培养情感上的亲密。

当面对遭遇过童年情感忽视的夫妻时，我会有一种特别的感觉。那种感觉就像是试图将两块同极相斥的吸铁石贴在一起，而这两块吸铁石之间有一个将它们向反方向推开的强大磁场。

破坏这个磁场的唯一方法是，开始帮助他们在一些小的方面更好地感知自己的情绪。通过微妙和丰富的方式谈论他们的情绪和他们之间的关系，让他们一点点转变。逐渐地，他们慢慢调转方向，感受到正在形成的轻微吸引力。此时，真正的修复就可以开始了。

第 4 章

如何与伴侣谈论童年情感忽视

　　当你跟伴侣谈起童年情感忽视时，不要拒绝对
方，而要邀请对方再靠近一点。

马歇尔和梅

当马歇尔第一次意识到他对婚姻的不满时，问题刚刚开始。当他越来越不满意自己的婚姻时，他意识到，自己需要更努力地与梅探讨他们之间的问题。他感到一堵巨大的墙横亘在他们中间，他需要吃力地翻过去才能到达梅的那一边。

几个星期，几个月，然后几年过去了。马歇尔在两种感受之间徘徊：他有时感到对婚姻深深的不满，有时又觉得自己肯定是疯了，毕竟他们的关系中有那么多美好的事物。他深爱着妻子，也常常享受与她在一起的时光。他们的家庭旅行、周六下午的骑行、在孩子们熟睡后属于他们的静谧夜晚，都让他感到满足。

梅既是一位和蔼又慈爱的母亲，也是一位成功的律师。马歇尔常常惊异于自己怎敢要求更多。每当他想跟梅聊聊自己的不愉快时，他都会感觉很糟并怀疑自己。他会提醒自己多想些梅的优点，从而抑制不满情绪。

奥莉芙和奥斯卡

奥莉芙和奥斯卡结婚数年后，一件意外发生了，奥斯卡得了肾癌。当他经历检查和诊断的每个可怕步骤时，奥莉芙一直在他身边。可奇怪的是，他有时感觉不到奥莉芙的存在。他发现每次就医后，他都迫切地需要打电话给他的姐姐布莉特，告诉她发生了什么、医生怎么说、自己接下来还要做什么。不知为何，跟布莉特说话会比跟奥莉芙说话让他感觉更好。

尽管奥莉芙的做法看起来都是对的，但奥斯卡仍然觉得布莉特比奥莉芙对他的帮助大。奥莉芙不断地安慰他："你会没事的，一切都会好起来的。"布莉特在得知他的病情后哭了。在他们的谈话中，布莉特与他分享了自己的感受，并与他一起仔细考虑了医生的意见，分析了各种可能性（包括积极的和消极的）。布莉特会留意奥斯卡的语气，并询问他对治疗进程的看法。在手术后，奥斯卡得知他的癌细胞已经被完全清除，所以不需要化疗。那时，他第一个想告知的人是布莉特，而不是他的妻子。

虽然癌症的事情已经告一段落，但奥斯卡仍旧困惑于自己对奥莉芙的不满。不知怎的，奥斯卡觉得在自己最需要奥莉芙的时候，她让自己失望了，她辜负了自己。与此同时，他又对心中的抱怨感到内疚，毕竟在这场磨难中奥莉芙一直陪在他身边。

"到底发生了什么？是什么出了差错？奥莉芙这么爱我，我怎能有这种感觉？"他常常问自己。奥斯卡压抑着内疚和困惑的情绪，过了一段时间后，终于要求奥莉芙与他一同进行夫妻情感咨询。

当伴侣遭遇过童年情感忽视时，你们的关系与其他人际关系截然不同。你感知到这段关系出了差错，却很难相信自己。你不知道这段关系中缺的东西是什么。你可能喜欢并爱慕自己的伴侣，却又感觉离他很远。你最想体会一种你无法描述的感受，而这种情感需要胜过一切。你可能看似拥有一段幸福的婚姻，而且很多方面的确很幸福。事实上，你感到茫然若失。

有许多可能的情况使你想与伴侣谈论童年情感忽视：可能是你发现自己忽视了伴侣的情感；可能是你怀疑伴侣遭遇过童年情感忽视，而且你想找伴侣谈谈这件事；可能是你发现你们都遭遇过童年情感忽视，而且你想与伴侣一同探讨这个问题。

无论你处于哪种情况，有一件事是确定的。既然是你在阅读这本书，你就肩负着做出行动的责任。因为你是意识到问题的一方，所以你必须是主动解决问题的那个人。我知道这可能看似是不公平的负担。然而，与其说这是负担，不如说这是机会。你现在具备了处理这类问题的知识，而且我会帮助你用这些知识去改变你与伴侣之间的关系。

我理解你目前身上的负荷，以及与伴侣谈论"童年情感忽视"这个对情绪具有挑战性的话题带给你的恐惧。所以，我会给你尽可能多的指导和支持。我们会一步步来做这件事。

我们的第一步是让你变得既坚强又自信，而且准备好解决你发现的问题。

与你的伴侣谈话之前

不论你是否已经尝试过与伴侣讨论你们关系中的问题，提起这个话题都可能会让你感到可怕或者冒险。你不知道自己的伴侣会有怎样的反应，也不知道你是否会成功。

如果你遭遇过童年情感忽视，那么你的每个细胞都可能会阻止你采取行动。你的内心可能在呐喊："不要制造麻烦！""不要伤害对方！"如果你和伴侣都遭遇过童年情感忽视，那么你们可能长期以来无法坦诚相待——你们不去谈论困难、痛苦或者感性的事情，因为担心伤害到对方而不敢讲真话。我见过许许多多遭遇过童年情感忽视的人，他们害怕与伴侣谈论婚恋关系中的挫败感，并声称自己"不想显得不善良"。

事实上，这是一个谬论。对伴侣以诚相待不仅是你的责任，也是你爱伴侣的表现。当你跟伴侣谈起童年情感忽视时，不要拒绝对方，而要邀请对方再靠近一点。你必须坚信：当你用富有同理心的方式讲真话，或者质疑你的伴侣时，你在表达爱意。

在你继续阅读下面的内容前，以及当你开始与伴侣进行谈话时，请牢记下面的几条准则，并且保持良好的心态。

牢记这几条准则

○ 虽然敲打伴侣的心墙是你的责任，但是否回应你要由对方来决定。你无法控制这件事的结果。

○ 童年情感忽视是无声无形的，而且没有人可以选择是否经历童年情感忽视，没有人应该因此被责备。

○ 你的伴侣并没有意识到什么出了差错，而且也不是故意选择将你拒于心墙之外。

○ 即使一些人遭遇过童年情感忽视，他们的关系中也有可能并且常常存在持久的爱。虽然随着时间的流逝，童年情感忽视的经历让爱变得更难被看见，但是爱还在那里。

○ 你要带着爱和关心向伴侣提出你们关系中的问题。

保持良好的心态

○ 你要知道，当你用富有同理心的方式讲真话时，你在采取积极有爱的行动。即使你的伴侣出现抵触反应、感觉被批评或者愤怒，也请你不要放弃这个基本认识，因为它会支撑着你。

○ 请管理你的期望。不要期望只靠一次关于童年情感忽视的谈话就可以带来即时的结果，这一点很重要。请将你的第一次谈话视为播下种子，我们希望它能生根发芽。你很可能需要经历多次谈话。对童年情感忽视的理解程度是会变化的，每次交谈都可能会让对方对童年情感忽视的理解更深一层。你的耐心是成功的关键要素。

○ 请有意识地控制你对伴侣的怒气，并且保证不要在谈话中流露出来。如果你表达出哪怕一点点对她童年经历的怒气，都会使她更难接受你的观点，或者给予你想要的回应。

◇ 在向伴侣提及"童年情感忽视"之前，请尽可能多地了解它。这会让你有足够的知识来谈论这个话题，并为伴侣可能想到的问题提供答案。如果你遭遇过童年情感忽视，请尽量在与伴侣讨论之前，对你自己的经历做足功课。

你在谈论任何困难的话题前，最好都能有一些计划。为一次成功的谈话做计划会带给你很多好处。在这种情况下，做计划意味着特意选择时间、地点和方式来介绍一个高强度、高风险的问题或话题。

足够了解你的伴侣可以帮助你做好计划。作为丈夫，你需要了解妻子的这些方面：她容易有抵触反应吗？每当你提出问题时，她会感到被你批评了吗？她会回避感性的话题吗？当她让你失望时，会主动承担一切责任吗？她因为没有成为完美伴侣，而立刻陷入自责和羞愧吗？总而言之，更好地预测伴侣的反应和情绪，会使你更好地计划你的谈话，并获得更好的结果。

想象练习

研究表明，想象自己做一件事，可以让你在现实中做得更好（Sanders and Sadosky，2008）。这个结论对运动员、外科医生和演说家都很有效。在脑海里预演行动确实可以帮助你取得好的效果。所以，现在让我们来利用你大脑的力量：先计划你与伴侣之间的谈话，而后按照计划来完成你的谈话。

首先，请独自去一个不被打扰的房间，闭上眼睛，并且想象着你跟伴侣坐在一起，谈论一件重要的事。请尽可能地想象细节：你们在哪里？这是一天中的什么时候？你的伴侣是什么心情？

其次，你可以想象自己在说："我觉得，我弄明白了我们关系中很重要的一件事。我们能聊一聊吗？"

最后，请睁开你的双眼，回答如下问题。在你的想象中，当你对伴侣说这些话时，你是什么感受？你猜测你的伴侣会怎么回应？这是你可以接受的最佳场景吗？可能会有一个更好的时间或地点吗？如果这个场景使你感到非常紧张，你可能需要多次想象这个场景，试着预测所有你可能得到的实际回应，以及每个可以进步的方面。请记住，不论你对这次谈话设计得有多好，你只能控制你自己的那部分，剩下的事取决于你的另一半。

马歇尔和梅

在某个夜晚，梅和孩子们出去了。马歇尔独自坐在黑暗的客厅。他闭上眼，想象着下周他开车带着梅，从梅的第 15 届高中同学聚会回来的情景。他想象自己握着梅的手，说：

"梅，我爱你。我需要跟你谈谈我最近的发现，它可以解释为什么我觉得我们的关系里缺少点什么。"

即使眼睛看着路，马歇尔也能感觉到梅翻了个白眼。"马歇尔，你确定又要提起这个吗？我们刚刚在外面玩得很开心，你为什么要这么扫兴？"对此马歇尔早有防备，而且他不会被吓退。"我很抱歉，亲爱的，而且我不是想要扫兴。我只是在试着让我们更亲近、更幸福。你能让我把话说完吗？"

梅沉默着，而马歇尔知道她在听。

在这个想象的场景中，马歇尔选择了在车里，当他们单独在一起，并且心情很好的时候，向梅提起童年情感忽视。他用一种体贴、不责备对方、充满爱意的方式介绍这个概念。当梅反驳他时，他没有怯场或者投降。他有备而来，而且包容梅的不耐烦。下面让我们回到那个情景。

在梅的注视下，马歇尔说："就像我之前说的那样，虽然我们互相深爱着对方，但我常常感觉不对劲，似乎我们的关系中少了点什么，这时常令我费解。现在我终于知道问题出在哪里了。幸运的是，这不是我们任何一方的过错！一旦我们都理解了童年情感忽视，我们可以一起解决这个问题。"

到此为止，梅仍旧沉默着，在座位上坐立不安。马歇尔知道她在听，感觉她有些脆弱无助。"梅，我很高兴你在听。我因此更爱你了。我最近看到一个关于童年情感忽视的网站，而且我了解到童年情感忽视是怎样影响一段婚姻的。这跟我们的情况一模一样。"

马歇尔使用了非常体贴的语言。他意识到梅的畏惧和脆弱，也想给予她需要的安慰。马歇尔将婚姻问题归咎于童年情感忽视的影响，而不归咎于梅。永远不要将童年情感忽视作为谴责对方的理由。童年情感忽视不是一个标签，而是一扇通往更多亲近与幸福的门。就像马歇尔在他的想象练习中那样，以此种方式向伴侣介绍这个概念是很重要的。

一般来说，选在你和伴侣心情都好的时候来交谈是最好的。你可能担心在你们都很愉快的时候，提出这个可能带来痛苦的话题会破坏一段美好时光。是的，这的确是有可能的。然而，为了尽可能最大限度地迎来一个美好结局，人们值得付出这点代价。

对有些人而言，提前告知伴侣可以达到更好的效果。预定一个重要谈话的时间，能够帮助你的伴侣提前做好准备。想一想对方的性情和性格，以及你们互动的常态。你可以用想象练习来想象每个可能性，然后做出最好的判断。

为成功谈话做好准备

首先，你要明白自己为什么跟伴侣谈论童年情感忽视，自己的终极目标是什么。其次，你要了解如何实现这一目标。

你希望可以帮助伴侣认同以下重要观点。

- 你们俩或者其中的一个人，在成长过程中遭遇过童年情感忽视（在情感上没有得到满足）。这导致了后来你们结婚后产生的一系列问题。
- 你们的关系中缺乏一些重要的成分。
- 这不是任何人的错。
- 童年情感忽视是一个可以被解决的问题。
- 你们都可以通过开始注意并重视自己的情绪，来填补你们情感上的缺口和盲区。
- 情绪能力上的不足可以通过学习来弥补。
- 你爱你的伴侣，你们可以通过了解童年情感忽视，得到更亲密、更强大、更有价值、更充实的关系，而这才是你想要的。

你的终极目标是让伴侣像你一样了解童年情感忽视。这样，你们才能就"哪里出了差错，如何共同商议，设定什么共同目标"达成共识。这会促使你们提升情绪觉知力、情感的亲密程度，从而更能相互体谅。

你可能记得我之前提到过：在与你的伴侣谈话前，你需要管理好自己的预期，保持良好的心态。第一次谈话的目标不是要改变任何事或者渡过难关，而是在伴侣的心中种下一粒好奇的种子，即使这粒种子埋在对方的抵触之下。尽量不要去期待你的第一次谈话会带来巨大的成果。

如果你的伴侣愿意倾听，即使只是短暂地听，你就已经成功了。当伴侣听到你说"童年情感忽视"这几个字时，就可以算是一种成功——因为你已经从起跑线向前迈了一步。

因为你很可能会需要多次谈话，所以你第一个谈话的目标仅仅是介绍这个概念，而介绍本身就是成功。在接下来的谈话里，你会一点点向前努力。在你介绍过这个概念之后，下一个目标就是去鼓励你的伴侣阅读相关的内容。通过阅读，你的伴侣可能会吸收更多内容，因为人们一般在阅读时的抵触情绪会更少。

你该让伴侣读什么呢？下面是一些建议。然而，因为你更了解你的伴侣，只有你能决定推荐什么。我建议你浏览介绍童年情感忽视的网站，并想象是你的伴侣在看。你可以把这类网址分享给伴侣，并且让对方填写一些关于童年情感忽视的问卷。

当你们都遭遇过童年情感忽视时

我们知道，如果处在这种情况下，你需要解决两个问题：

第一，你有一条更宽的鸿沟需要跨越；第二，你遭遇过童年情感忽视，你要正视和解决自己的问题。你要对自己说："虽然我知道这个任务很艰巨，还有些可怕，但我确定完成它是值得的。"

事实上，跟马歇尔和梅比，你们确实有一些优势。你的伴侣可能没有敲打你的心墙，所以他不会遭到你的拒绝，或是在这段关系中有脆弱感。你不是试图说明，只有对方一人遭遇过童年情感忽视，而是你们两个都有这段经历。你要传达的是："我们共同经历过这些，这是我们两个人的问题。我们都需要先疗愈自己，然后再修复我们的关系。"因为这里提到了你们两个人，而不只是对方一人，所以不太可能让对方感到被指责或者产生抵触情绪。

还记得奥斯卡和奥莉芙那对遭遇过童年情感忽视的夫妻吗？在经历手术事件后，奥斯卡发现姐姐比妻子更能给予他深度的支持。从那时起，他搜索了很多关于亲密关系的问题，并且发现了一个术语——"情感上的亲密"。他读得越多，越发现奥莉芙缺乏处理情绪的技巧。他开始制订计划来解决这个问题。

奥斯卡和奥莉芙

奥斯卡做出了一个不同寻常的举动。为了庆祝他们结婚20周年，他邀请奥莉芙参加一个为期4天的旅行。一开始奥莉芙感到很惊讶，还有些反感。然而，奥斯卡给奥莉芙描述了美丽的阳光海滩和网球场，于是她同意了。

在旅行期间，奥斯卡和奥莉芙远离了日常的压力，轻松地待在一起。虽然他们之间的鸿沟还在，但是他们都享受着对方的陪伴。这是他们之间最棒的黏合剂。

两天的放松过后，奥斯卡终于鼓起了勇气。他们坐在沙滩上，将脚趾埋在沙里。奥斯卡说："奥莉芙，我能问你一个问题吗？我发现，我们不再像以前一样花时间在一起了。曾经我们会在周末一起做事情，但是大概从去年开始，你都是跟朋友做计划。虽然这也没事，但我有时担心我们彼此变得疏远了。"

请注意，奥斯卡选择了一个理想的时刻，而且他没有说任何让奥莉芙反感的话。他用了很多"我们"，而且小心地没有指责或责备奥莉芙。他已经预料到奥莉芙下面要给出的回答，而且他已经准备好了如何应对。

"别犯傻了，"奥莉芙回答道，"我之所以常跟朋友在一起，是因为你一般在地下室做你的事。我觉得这没问题，一切都很好。你想去哪里吃午饭？"

在这里，奥莉芙给了一个情感忽视的经典回应。她聚焦在行动而非感受，她没有提及奥斯卡的担心，而是简单地拒绝这个话题，然后试图改变话题。

"是的，还好。我只是想和你待在一起。你不想跟我一起共度美好时光吗？"奥斯卡说道。

"当然想，但是你常常看起来工作压力很大，需要时间独处，所以我试着给你一些时间。"奥莉芙并未察觉到，自己的声音带着一丝尖利。

"哦，其实我不再为工作感到紧张了。不过，我能理解你为什么会这么想。我最近在读一本书，内容是随着时间的流逝，夫妻怎样变得疏远并误解对方。我知道，我也常常误解你。你愿意为了我看看这本书吗？"

"好的，但是你要保证不再说这件事了，"奥莉芙回答道，"你还没有回答我午餐吃什么。"

从这段谈话中你可以看到，没有什么巨大的改变，也没有神迹发生。然而，这已经是一场巨大的成功。在这次简短的交流中，奥斯卡告诉奥莉芙可能有什么地方出了差错，而且他可能有一些答案。同时，奥莉芙同意做一点阅读（奥斯卡可以给她一篇关于童年情感忽视的文章，有时候这可能更好，因为这比让她看书要简短得多）。

交谈中，奥斯卡没有提到"童年情感忽视"，他不认为奥莉芙会认同这个概念。如果你的伴侣曾经与你分享过表达童年情感忽视的故事，那么对方可能确实会对这个话题产生共鸣。有些人可能会对"童年情感忽视"这个概念感兴趣，而没有觉察到童年缺失的人可能会讨厌这些字眼。

奥斯卡虽然并未使用这个概念，但是仅仅通过这次谈话，他已经将"一粒健康的种子"撒在了他与奥莉芙的关系里。随着时间的流逝，它可能会促使他们真正理解对方。事实上，在第一次谈话的基础上，奥斯卡最终将奥莉芙带到了我的办公室。

当你无法在心理上靠近伴侣时

如果你的伴侣遭遇过严重的童年情感忽视，或者你们的关系中包含着极度的愤怒（特别是长时间积累的愤怒），又或者你们之间有巨大的距离感，使你无法突破伴侣的心理防线。你刚觉得自己像奥斯卡那样取得了一些进展，但接下来的尝试很快就失败了。虽然你满怀善意，并诚挚地寻求改善关系的方法，但这种结果让你感到失望、很有挫败感。

当你发现自己处于这种情景时，在接近伴侣和照顾自己的感受之间保持平衡就变得很重要。请记住，维持二者平衡的过程是没有公式的——每对夫妻都不同，相应的这类过程也不同。在试图干预的时候，你也要重视自己的感受。遇到困难没关系，在个别的时刻感到痛苦也没什么。然而，如果你感到自己很崩溃，那么请留意这种感觉，并让自己休息一下。如果你一直有这种感觉，那么你最好选择放弃。

我想确认，你不会因为再三敲打一堵不会为你打开的心墙，而牺牲自己的情绪健康。如果你遭遇过童年情感忽视，这个过程可能会再现过去的经历，使你回忆起不受重视、被排斥和被忽略的感受。"意识到你的内心发生了什么，为什么会产生这些思绪，并且确保这些思绪不会飘得太远"对你来说非常重要。

有三种应对这类情况的方法。我看到有人成功地使用两种不同的方式处理这类情况。我也看到少数人用了不太成功的第三种方法。

1. 放弃、撤退、和解

如果你和伴侣都遭遇过童年情感忽视，你可能会选择这种方法。回到童年情感忽视的模式，并与伴侣继续生活在不同的世界，可能使你感到安全舒适，而且真的很容易。问题是，这种方法并没有效果。当你意识到童年情感忽视的惊人破坏力时，你和伴侣已经走上了一条无法回头的道路。这就好像你试图将烤好的蛋糕还原一样徒劳无功。虽然在一段时间内你可以对问题视而不见，但是这个问题最终会追上你，而你需要在某个时刻做一些决定。

2. 专注自身

放弃靠近你的伴侣并不一定是个坏主意。有时你需要保护自己的身心健康，而放弃是你唯一的选择。虽然你可以放弃在心理上靠近你的伴侣，但不必放弃你自己以及你们之间的关系。你可以继续自己的工作：提升自己，填充你的盲点，学习掌握情绪能力，同时敞开自己的内心让别人进来。你可以找一个心理咨询师来帮助和支持自己，并且将伴侣的童年遭遇告诉你的心理咨询师。不向伴侣隐瞒这些事，也不必夸耀，仅仅是安静地、体面地治愈自己。你的伴侣很有可能因为你的改变而愿意开始改变自己。

3. 下达最后通牒

对很多遭遇过童年情感忽视的人来说，向伴侣下达最后通牒是件困难的事，他们需要极大的勇气才能做出这样的选择。他们很容易将这种行为误认为是不善良的、错误的。当你下达真正的最后通牒时，你是在为自己而战、保护自己、声明你的价值，同时在向你的伴侣发起挑战。当你感到自己足够坚强，而且你对伴侣那堵心墙的忍受也到达极限时，下达最后通牒对你来说可能是一个好的选择。让你的伴侣跟你一起去看婚姻关系治疗师，来拯救你们之间的关系。请告诉你的伴侣，你无法继续这样的生活了。除非你已经做好了"坚持到底，不论成败"的准备，否则永远不要下最后通牒。当然，我也见过很多人通过这种方式取得了成功。为了一个潜在的目标，人们常常会被激励着去面对他们终生的恐惧。

　　与伴侣的心墙做斗争的人常常组合使用上述三种方法。多年来，你可能都在使用第一种方法，即通过否认来应对关系中的问题。然后，你开始提升自己，变得更坚强，填补自己的盲点和情感上的缺口（特别是当你也遭遇过童年情感忽视时）。当你变得更坚强之后，可能会向伴侣下达最后通牒。

　　这是一个完全自然的发展过程，这一过程证明了你在进步。如果这是你的经历，那么恭喜你，你在成长、改变，以及在你的生活中向前迈进。成长自然而然地伴随着痛苦。现在，你变得更坚强了，我相信你可以处理它。

第 5 章

如何修复你的情感关系

通过分享你的感受，你能够越过事实和细节，直达最重要的事物。

你可以向所有你认识的人提问："一段成功、长期、坚定的关系中最重要的成分是什么？"我猜绝大多数答案都会包含这三个因素：爱、陪伴、恋人之间的化学反应。

确实，这些因素都很重要。然而，作为从业多年的婚姻关系治疗师，我发现了一个很少被承认却比上述三个因素更为重要的因素。这个因素就是技巧！

是的，技巧！我为什么用感叹号？因为我对于要跟你分享技巧而感到很激动。我发现，技巧能使爱燃烧得更旺，技巧能够建立陪伴，而且提升并保持化学反应。我看到很多关系变得更深入，还有很多婚姻被技巧所拯救。关于技巧最棒最令人叫绝的一点是：技巧可以被学习！这是真的。与爱、陪伴或者化学反应不同，技巧是可以被学习的。"为什么我还没学到这些技巧？"这可能是你现在责备自己的方式。让我诚实地回答你：因为你在缺乏情感能力的家庭长大，所以你缺失儿时应得的情感训练。是时候停止质疑和责备自己了，请集中注意力向前看。现在开始还不算晚，而且我们即将学到这些技巧。

在我们讨论具体的技巧以及如何培养这些技巧之前，让我重申一遍在第 3 章里提过的建立情感联结的四种技能。我们在这一章里提到的所有技巧和练习，都是这四种技能的补充。

"既然你一直问，那我就列了一个清单，上面写着我不同的
小动作，以及它们所代表的意义。"

- 自我认知能力是指你对自己的每个方面、不同层次的了解
  能力。
- 情绪觉知力包括你觉察自身情绪和伴侣情绪的意愿和
  能力。
- 情绪能力包括能够正确获悉、理解、回应你和你伴侣的感
  受的能力。
- 沟通能力是指你能在考虑伴侣接受力的情况下，表达自
  身情绪和情感需求，并且倾听和理解伴侣信息反馈的
  能力。

现在让我们开始练习。因为你可能已经拥有其中的一些能力了，所以使用哪些练习需要依你和伴侣的情况而定。请将以下练习看作有很多选择的"自助餐"，然后选择你认为最有用的去实践。但是请注意，下文中的前一个练习是后一个练习的基础，你最好从前面的内容开始看起。

建立情感联结的练习

提升自我认知能力

提升自我认知能力的最好途径是学习如何练习正念。正念会将你的思想集中在当下，并且对你的身体状态保持觉知。你在当下做什么？你当下体会到什么感受？你为什么在此时做这些？你为什么有这样的感受？

对大多数人来说，正念会改变他们原本的状态，而对遭遇过童年情感忽视的人来说更是如此。童年情感忽视的一个特点是过度关注外界环境。别人在做什么呢？别人在想什么呢？为什么？这些外部觉知消耗了你的精力，而且它让你远离了真正重要的事物——你自己。

学习正念的最好方式是去上一门冥想课。与你的伴侣一起上这门课，是一个建立情感联结的好机会。它可以是实体课或者网络课。看视频或者听音频可以让你找到更适合你们需求的主题。如果你需要冥想的网络资源，请参考本书的"延伸阅读"部分。

练习"提升自我认知能力"

想要更好地表现自己，并且让你的伴侣回应真实的你，唯一的方式在于深入了解你自己（参见第 3 章）。

我建议你和你的伴侣都填写如下自我认知表，然后持续增补更多内容。在一个月的时间里，每天思考这些问题，并增补你联想到的一切答案。

一个月以后，你与伴侣交换自我认知表，阅读对方的答案，并通过你的观察来补充伴侣漏掉的内容，同时重点标记出伴侣表格上让你惊讶的内容，花时间就这些内容与对方讨论。

自我认知表

你想要什么？
你对什么有热情？
你喜欢什么，不喜欢什么？为什么？

（续）

你喜欢谁，不喜欢谁？为什么？
你的优点和缺点是什么？
你会用什么词来形容自己？
其他人怎么看你？
你最喜欢的活动是什么？

练习说出"我感觉"

　　表达"我感觉"变化量表鼓励你和伴侣更多地说出"我感觉"这几个字。表达感觉很重要，你要相信语言是很有力量的。你可能争论了好几个小时却几乎毫无进展，留下的仅仅是双方的挫败感。通过分享你的感受，你能够越过事实和细节，直达最重要的事物。

　　请使用下面的表达"我感觉"变化量表，记录你每天说"我感觉"的次数。虽然这样的对话无须局限于你与伴侣之间，但你仍要尽可能多地向伴侣表达感受。请努力增加你表达自我感受的次数。

表达"我感觉"变化量表

记录你每天说"我感觉"的次数

	1月	2月	3月	4月	5月	6月	7月	8月	9月	10月	11月	12月
1												
2												
3												
4												
5												
6												
7												
8												
9												
10												
11												
12												
13												
14												
15												

练习说出"我伴侣的感受"

这个练习要求你多下功夫来注意伴侣的感受。这个练习既锻炼你自身的情绪觉知力，又培养你对伴侣情绪的觉知力。在一开始，不要觉得你必须都能猜对，因为没有人可以保证猜对他人的感受。

请谨慎地看待这个练习，因为它可能被错误使用，而变成

"读心术"。"读心术"是危险的，而且可能造成很多伴侣都会陷入的滑坡效应（小问题引发大矛盾）。留意你伴侣的感受是为了让你更关注对方的情绪，而不是作为沟通的替代品。要记得，你们两个都有责任将自己的感受通过语言传递给对方。

尝试想象你伴侣的感受，会提升你们的情绪协调性。这样做是为了更好地读懂伴侣的肢体语言和情感表达，从而让你更好地做出回应。与伴侣核对你关于对方的看法，可以帮助你进一步提高情绪觉知力。虽然仅仅靠关注和询问就会很有帮助，但是如果你们两个可以用"我伴侣的感受表"，来记录你一天下来的观察，并在当天晚上做对比，可能会有更好的效果。所以，我制作了一个特别的"我伴侣的感受表"供你使用。

我伴侣的感受表

一日三次，记录你眼中伴侣的感受

周一	早晨	
	中午	
	傍晚	
周二	早晨	
	中午	
	傍晚	
周三	早晨	
	中午	
	傍晚	

（续）

周四	早晨	
	中午	
	傍晚	
周五	早晨	
	中午	
	傍晚	
周六	早晨	
	中午	
	傍晚	
周日	早晨	
	中午	
	傍晚	

练习 "回应伴侣的感受"

在你提升了自我认知能力和觉察伴侣感受的能力后，你可以开始尝试在观察伴侣感受的当下去回应他。你可以做出如下回应。

- 你看起来很恼火。
- 你是不是被我刚才说的话弄得心烦了？
- 那件事伤害了你的感情吗？
- 你现在看起来很放松。
- 你好像不太喜欢那样。

⟡ 我能看到你的压力很大。

⟡ 我知道，那真的令人难过。

⟡ 你看起来需要一个拥抱，我能抱抱你吗？

　　请注意伴侣的反馈。当伴侣接受你的回应时，你们会达到情绪上的协调，这代表你会体验到一个与伴侣情感联结的时刻。当伴侣不接受你的回应时，你会得到有益的反馈和更正的信息，来帮助你磨炼自己的情绪能力。更多地回应伴侣的感受，会让你们更加适应深入的情感沟通。这是情感亲密的一个重要基础。

练习"固定沟通时间"

　　这个练习虽然看起来很简单，但是对遭遇过童年情感忽视的伴侣来说，它可能会是个挑战。每天固定一个特别的时间来与对方交谈，跟你的伴侣一起来决定每段谈话的时长。你可能想要从较短的时间开始，慢慢增加交谈的时间。

　　我在为夫妻提供情感咨询时，常常给遭遇过童年情感忽视的夫妻布置这个"作业"，这对关系疏远或者缺乏交流的夫妻很有帮助。还有几种方法可以帮助你们在这段时间里收获更多。

　　一种方法是相互表达自我感受（说出"我感觉"这几个字），另一种方法是相互核验对伴侣的看法（说出"我伴侣的感受"）。另外，你们还可以练习垂直提问法。简单来说，垂直提问法要求你通过对伴侣提问，让伴侣向内心探寻，并且思考其自我感受和动机。比如，你可以问伴侣："你现在什么感受？""当那件事发生时，你怎么想？""你为什么用那种方式说话？"这些问题要求你的伴侣关注自己的内心，而不是传递事实。

冲突管理练习

坚定自信的表达能力

在处理冲突时，最有用的方法就是培养坚定自信的表达能力。这种能力的复杂程度超乎想象。因为它要求你同时使用三个方面的技能，包括：控制你的愤怒；组织语言表达你的感受；使用他人能接受的表达方式。

市面上有几本好书详细地讲述了坚定自信的表达能力，有的社区学习中心也会提供相关的课程，同时很多咨询师也教授这种能力。如果你想要通过阅读书籍来培养这种能力，请参见本书的"延伸阅读"部分。

练习"带着慈悲的真诚"

"带着慈悲的真诚"如同它的字面意思一样，要求你对伴侣讲述你的真实想法，同时怀着同理心考虑对方的感受。如果你遭遇过童年情感忽视，你会很容易认为你不应该说出任何会伤害伴侣的话，但是这个想法会给你带来灾难。你不仅要帮助伴侣成长，还要用一种坦率的方式让你们更加理解对方。达到这个目的的唯一方法，就是愿意说出可能伤害对方的话。下面是怀着同理心讲述你真实想法的四个步骤。

- 停顿并准备：你的真实想法必须被充分、谨慎地表达出来，而这需要时间。
- 识别你的感受：请重视自己的真实想法和感受（生气、焦虑、紧张），将它分享给你的伴侣，并且对你说的话负责。
- 将你的想法转变成语言：请设想伴侣的感受和反应，确保你的语言既体贴周到，又能清楚地表达你的想法。
- 选择时间和地点：什么样的地点和时间会让你的伴侣更容易对你的话敞开心扉？

练习"重复后再回应"

这个练习对提高倾听和理解很有帮助，特别是当对话存在愤怒或冲突时。它帮助你们在做出回应之前，确认你们彼此倾听并理解（不等于同意）对方的意思。这个练习的操作顺序如下。

（1）当一个人说话的时候，另一个人安静地倾听。当这个人结束讲话时，会说："我说完了。"

（2）另一个人开始表达自己听到和理解到的对方的意思，并重复尝试直到自己理解正确为止。

（3）只有在自己理解正确后，才可以开始回应对方，说完后以"我说完了"结尾。

（4）另一个人重复自己听到的话，直到自己正确理解为止。

（5）一直重复这个过程，直到你们都完整地表达了自己的意思。如果你们还是感到心烦，那么请休息一下。让你们的感受沉淀一段时间之后，再重复这个练习。

正从童年情感忽视中痊愈的伴侣

奥莉芙和奥斯卡

上次我见到奥莉芙和奥斯卡时，他们正处于高度脱节的关系当中。然而，这一次我见到他们时发现，他们之间多了些周期性的冲突。在上次咨询结束后，奥斯卡开始向奥莉芙表达：他们的关系中似乎缺失了什么。奥斯卡让她去看一些关于童年情感忽视的文章，而她也勉强承认他们可以通过做一些事来提升他们的婚姻质量。

这些冲突其实是成长的结果。这些冲突之所以会发生，是因为他们觉察到自我和对方身上多年被忽视的情绪，并且他们两个人都开始有了更多的感受。他们都多多少少感受到多年来藏在心底的愤怒。他们对此都感受到些许害怕，不知道这意味着什么，也不知道这会带他们前往何处。

我觉察到奥斯卡和奥莉芙与自己的情绪严重脱节，所以我让他们从分别记录自己的情绪开始。通过几个星期的时间，我们完成了一个情绪训练课程。他们分别带来了自己的记录表（一开始填的内容很少），并且分享了表上的内容。这使他们更多地审视内心，并注意自己的感受。

在我们第一次见面时，我就确定奥斯卡很不了解奥莉芙，而且奥莉芙也没有意识到奥斯卡对她的愤怒。当他们记录自己的感受，并且做得越来越好时，我给了他们一些新的"作业"。我给了他们每人一份"我伴侣的感受表"，并要求他们记录自己一周的观察结果。我告诉他们不要在家中谈论自己的记录，而是在下周面谈时再分享。

通过几周的时间，我们在面谈时回顾了这些表格。我帮助他们向彼此解释对情绪的观察是否正确。这个练习帮助他们更清晰地感知对方的情绪，也开始开诚布公地探讨婚姻中的问题和冲突。随着一起回顾"我伴侣的感受表"，我们解决那些长期的问题。当我感觉他们准备好时，我要求他们开始固定沟通时间。他们同意在晚餐期间不是看电视，而是进行交谈。因此，他们开始分享更多日常经历，而且感觉更亲近了。与此同时，他们还开始更多地谈论冲突，并且发生更多争吵，这使他们感到很不舒服。

在认识到他们需要一些技巧来管理冲突后，我让他们通过阅读来培养坚定自信的表达能力。我们讨论了"带着慈悲的真诚"，以及分享痛苦感受和真实想法的重要性。最终，奥斯卡得以告诉奥莉芙他在癌症治疗时的感受，而奥莉芙现在也拥有了"倾听对方感受和理解自我过失"的能力。作为回应，奥莉芙告诉了奥斯卡在 15 年前，当他拒绝要第三个孩子时带给她的感受。奥斯卡承认了他当时不愿意彻底地倾听奥莉芙的感受和需求。你相信吗？即使是在 15 年后的今天，对治愈奥莉芙的旧伤来说也不算太晚。

在我的办公室里，我看着他们时而哭泣，时而大笑，最终向对方敞开心扉。有的面谈充满了痛苦的感受，而我祝贺他们挺过了这些感受，承受住了冲突和愤怒，而且坚持了下来。我曾向他们解释，这个过程是爱和忠诚最高的表现。最终，当他们向对方分享自己的真实感受时，他们理解了我的意思。

奥莉芙和奥斯卡在咨询结束时，关系到达了一个与刚开始完全不同的层次。他们曾经空虚的关系不再有空隙。现在，这段关系里包含了各种情感色彩，他们建立了情感联结。最终，他们了解了自己，也了解了彼此。

请注意，虽然上述故事看起来简单直白，但其实我们为整个过程付出了两年的心血。奥莉芙和奥斯卡都专注于疗愈自我，而且都迅速理解并接受了童年情感忽视的原理。即便如此，在我考验他们超越自己的自然反应时，也兜了很多圈子，遇到过很多障碍。与他们儿时学到的行为方式不同，我需要让他们以相反的方式行事。他们需要与自己的本能做斗争，而这是一件非常困难的事。

幸运的是，虽然我知道这很困难，但是在我的职业生涯里，我也看过几百人独自或者共同成功经历了这个过程。如果这些人做到了，你也可以做到。

除了你的婚姻，童年情感忽视也影响了你生活的很多其他方面。现在我们准备好继续阅读，来了解如何与你的父母（童年情感忽视的源头）打交道。

第二部分

童年情感忽视和你的父母

第6章

三类在情感上忽视你的父母

　　我的一位来访者曾对我说，他与父母之间的对话
缺乏内容。他与父母总是进行着"没有对话的对话"。

有心无力型父母

奥斯卡

让我们回到 15 年前，远在我还不认识奥斯卡和奥莉芙的时候。某一天，他们和当时还年幼的两个孩子正驱车前往奥斯卡儿时居住的房子，和奥斯卡的父母生活一天。因为奥斯卡和奥莉芙都经历过童年情感忽视，所以面对着即将到来的家庭聚会，两个人都没有意识到那种从心底弥散开的空虚感正在升起。

到了父母家，他们相互问好，寒暄着，上次见面已经是一个月以前的事了。"天啊！小孩们又长大了！"奥斯卡的母亲大声招呼着。安顿好之后，奥斯卡的父亲坐在客厅里读着报纸。电视里放着橄榄球赛，小孩们在房间里跑来跑去，奥斯卡的母亲跟奥斯卡夫妇聊天。

为了压过电视的声音，奥斯卡的母亲提高了嗓门。她询问他们一路开车的见闻、最近的天气，以及小孩们上学的情况。奥斯卡开始感到无聊，他一边漫不经心地拨弄着手机，一边应付着对话。他们从奥斯卡父母的老邻居的健康状况聊到奥斯卡父亲的高血压。

一个小时过去了，奥莉芙强压下去一个哈欠。她觉得自己需要一些娱乐活动，于是对奥斯卡的母亲说："我想过去看一下小孩们。你要和我一起吗？"她们一起走进了地下室，看到小孩们正在上演《罗密欧与朱丽叶》中的一幕，奥莉芙的心一下子放松了下来。看着她的孩子们，与他们一起欢笑，奥莉芙刚刚如同乌云一般的无聊感霎时间消散。她觉得自己又活了过来。

与此同时，奥斯卡与父亲一起坐在客厅，一个读着报纸，一个看着电视里的橄榄球赛，时不时地提一嘴赛事进程。奥斯卡瞥了一眼手表，又体会到了那种弥散开的空虚感。不想再压抑自己，他打了一个大大的哈欠，心想着："哎呀，才待了73分钟。接下来的一整天该怎么度过呀？"

就在奥斯卡有这个念头的当口，父亲突然大声说："他们怎么能弃踢？真蠢！"

奥斯卡被父亲的声音吓了一跳，烦躁地反驳道："我觉得他们就该这么做！你为什么总是挑教练的毛病？"

话一出口，奥斯卡心中就泛起了一阵悔意。"我真是个混蛋，"他想，"能到父母这里来是多么幸运的事情。他们是那么好的人。我真是不应该！"

当晚，奥斯卡和奥莉芙开车回家。在路上，两个人都觉得不舒服。他们没有发现心里复杂和纠结的情绪：对奥斯卡父母的爱、见面结束时感到的轻松，以及因为这种轻松而产生的内疚。然而在这些情绪之下，存在一种弥散开的空虚感。每次探访奥斯卡的父母，他们都会有这种空虚感。

在这个故事中，你能够看到奥斯卡的父母充满好意。他们善良、热情、慈爱。从表面上看，他们的对话无比正常，而这些对话却是空洞的。我的一位来访者曾对我说，他与父母之间的对话缺乏内容。他与父母总是进行着"没有对话的对话"。除了对话缺乏内容，奥斯卡的父亲只将一部分注意力放到奥斯卡身上；奥斯卡的行为和父亲一样，只将一部分注意力放到当下。成年后的子女常常自然而然地模仿自己父母的行为模式，特别是当他们成长于同样的环境时。

在有些情况下，识别童年情感忽视最简单的方法就是无聊感。在一整天的经历中，奥斯卡与奥莉芙都有一种无聊感埋在心底。这种感觉是因为他们的家庭没有情感上的联结。所有的互动都是单调的，时间是漫长的。孩子们的天真与无知为这次家庭聚会营造了情感上的"绿洲"，除此之外，并无更多的作用。

请注意，在去往父母家的路上，奥斯卡和奥莉芙都感到一股幽暗的空虚。这是一种预兆。如果他们能够注意自己的感觉，那么就会知道大脑和身体在警告他们：即将到来的这次经历将会是令人失望的，它不会带来满足感。

对奥斯卡来说，在这一天里，他的空虚感转变成厌烦和恼怒的情绪。他为什么会恼火？看橄榄球比赛时，他为什么会对充满好意的父亲恶语相加？这是因为奥斯卡的情感需求长期未能得到满足，由此带来的挫败感停留在他的潜意识里，而这种挫败感外面包裹着无聊与烦恼。然而，奥斯卡不知道这些。因为他的父母很少注意、肯定或回应他的任何感受或情感需求，奥斯卡只能将几十年的怨恨与恼火藏起来。

在下面的章节你会看到，当奥斯卡意识到他生活中的缺失以及背后的原因之后，他的经历得到了肯定，他的情绪得到了释放。当他决定要和父母谈论童年情感忽视的问题之后，他们的关系得到了永久性的改变。

挣扎型父母

奥莉芙

奥莉芙在纽约皇后区长大。她在家中排行老大，8 岁时父母离异。她的父亲是个酒鬼，在离婚后淡出了奥莉芙的生活。奥莉芙偶尔会在星期六与父亲见面。在她看来，父亲是一个不可靠的人，从未认真地参与到他的家庭和孩子们的生活中来。

奥莉芙的母亲在离异后历尽艰辛，独自抚养三个小孩长大。她当年打两份工，白天做幼儿园老师，晚上和周末要去做书店经理的工作。只有靠辛勤的工作，她才能提供给孩子们住所、衣服和食物。毫无疑问，在奥莉芙童年的大部分时光里，母亲总是筋疲力尽的样子。

作为老大，奥莉芙 8 岁时就开始承担家务。她平时要洗衣服，并且给自己和弟弟妹妹做午餐；当母亲晚上不在家时，她还要负责加热冷冻食品给他们吃。

让我们看看奥莉芙现在的生活。她走进年迈母亲的公寓，手里拿着一份打包好的饭菜。走进公寓的一瞬间，她体察到一种模糊的恐惧感和责任感。奥莉芙爱着母亲，在来的路上就渴望马上见到母亲。然而，每一次来母亲这里时，她都怀揣着一丝不适，总是感到有负担。就像她的丈夫一样，奥莉芙对于这些感觉也没有更多了解，也不知道这些感觉会怎样影响她的生活。

"嗨，妈妈，我给你带了罐焖鸡。奥斯卡昨晚做了两份的量，就是想今天给你带一份。"

"噢！太棒了，"奥莉芙的母亲回应道，"请替我谢谢他。"看了一圈母亲住的公寓，奥莉芙开始不自觉地整理起来。她把散在一堆的信件摆放整齐，把杂志都放在可调式躺椅旁边的小篮子里。她边干活，边和母亲聊起了她的孩子们辛迪和卡梅伦，又说到了母亲的健康问题。

突然，奥莉芙的母亲说："停下来！不要再把东西挪来挪去了！为什么每次你来的时候，总爱把东西挪来挪去？"

奥莉芙吓了一跳，像被刺痛了一样，她立即停了下来。她没有意识到自己在整理东西。"噢，对不起，妈妈。我没有意识到自己在整理房间呢。我能把罐焖鸡放到烤箱里吗？你饿了吗？"

在这个场景中，奥莉芙和她的母亲都没有觉察到她们之间究竟发生了什么。奥莉芙在童年时代，承担了很多本来是母亲应该承担的责任。出于这个原因，家长和孩子之间本该有的平衡被打破了。奥莉芙从小就被"塑造"成操持家务的人。在她的潜意识中，深深地埋藏着照顾别人的责任、义务和负担。奥莉芙的生活一直被这样的潜意识所驱动。

在奥莉芙与奥斯卡的生活中，她的关注点总是在对方身上，而不会去考虑自己的感受和需要。"奥斯卡的工作压力是不是太大了？我是不是要多给他一些空间？我今天还是不要去烦他了。"毫无疑问，她的夫妻关系与母女关系如出一辙。在她小时候，当看到母亲过度紧张或负担过重时，奥莉芙总是要帮助妈妈。

请注意，奥莉芙的母亲属于那种心怀好意的家长。奥莉芙的母亲本身在成长过程中遭遇过情感忽视，而成年后，她又面临了很多生活的困境。因为奥莉芙的母亲没有学会如何处理自己的感觉，所以当她看到自己的女儿不停挪动自己公寓里的物品时，并没有觉察到自己的烦躁、女儿的善意，以及所有这些行为背后的心理活动。她对女儿的责怪是毫无依据的，也没必要那么尖刻。奥莉芙是最不应该受到指责的那个人，但是母女两人都没有意识到这一点。

有成千上万像奥莉芙母亲那样的人，他们虽然正直善良，但他们的成年生活被成长过程中的核心感受所驱动。奥莉芙亦是如此。一个情感旋涡支配着奥莉芙的内心生活。她对这个深藏在心里的旋涡如此熟悉，以至于误认为那是她身份认同的一部分。她在"责任—义务—负担—责任—义务—负担—责任—义务—负担"的旋涡中失去自我。

有一天，奥莉芙的丈夫奥斯卡会用他的爱与勇气，以她最难以预料的方式，去挑战她最难以面对的情感。奥斯卡会告诉奥莉芙他的需要，他会让奥莉芙去发现真实的自我，发现她真正需要的东西，以及这些对她的意义。

之后，奥莉芙也将面对一个大问题：她是否应该与母亲谈论这些事？

专注自我型父母

梅

梅、马歇尔和他们的两个孩子，走进了一栋美丽的度假别墅。在这里，他们要和梅的父母共度一周。屋顶是教堂圆顶式的装修风格，让人肃然起敬。孩子们叫道："太酷了！让我们去看看卧室是什么样的！"

遵循家庭习惯，梅跟她的父母快速地互吻了脸颊。梅放下了背包，放松夹杂着紧张一起袭上她的心头。经过长途跋涉，他们终于来到了这里。与此同时，梅又隐约可以预感到接下来要发生的事情。走进厨房，梅听到她妈妈在教训孩子们。"你们的鞋子都是湿的！请把鞋子脱掉。这里是实木地板！"梅看了看自己的鞋子，它们也湿了。她悄悄地把鞋子脱掉，放到一边，希望妈妈没有看到。

"因为我们到的时候比较早，所以到副食品商店把一个星期的食物都买了回来，"梅的妈妈说道，"我已经计划好了一周的食谱。周三晚上，我会做你最喜欢的热狗砂锅。"

"噢，这太棒了！谢谢你，妈妈。"梅强迫自己这样回应道。此时，她心里却在想："哦，不会吧。妈妈到底在想什么？我这辈子最讨厌的就是热狗，而且我可不想让我的孩子们吃那些食品添加剂。喜欢热狗的是我哥，不是我！我要怎样才能把那些东西塞进喉咙里？"

恰巧在此时，梅的妈妈瞥了她一眼。"你给我摆什么脸色？我这么努力地想让你开心，现在看来是不可能了。你从小就是这样，总是这么难以满足。"梅心中充满一股怒火，但很快地，愤怒又被内疚的痛楚取代。她觉得自己缺少感恩的心，不知道感谢妈妈所做的一切。在梅的潜意识中，她知道妈妈没有为她的情感需求留下空间，梅只能把这些情感需求用力地推开，推到心墙的另一边，那个最远的角落里。

于是，梅开口说道："对不起妈妈，我只是旅途太累了。谢谢你找到了一栋这么漂亮的别墅，而且买好了我们需要的东西。我想，我需要先睡个午觉。"

读到这个故事时，你可能会想："怎么会有这样的妈妈？"如果这真的令你如此讶异，我要祝贺你，因为你没有摊上这样的妈妈。如果你没遇见过这样的父母，你很难去想象自恋型的家长是什么样子的。

在了解到梅与她妈妈之间的关系后，你可能会理解为什么梅会那么害怕马歇尔的情绪释放和其积极的情感需求。在梅的童年时期，她与妈妈的情绪都意味着危险。梅一旦表达自己的情绪，便时常遭到反驳和质疑。梅妈妈的情感需求总是比其他所有事情都重要。

每当马歇尔轻叩梅的心墙，想要与她建立情感上的联结时，梅却有另外一番感受。她不会感到马歇尔是想要与她产生情感共鸣；相反，她觉得马歇尔是要邀请她到"雷区"里走一圈。"危险！危险！危险！"她的大脑在发出警告。在婚姻中，梅的内心时时提防，以免受到攻击、指责和拒绝。在梅小时候，每当她表达自己正常的感受和需求时，都会得到妈妈这样伤人的回应。

这就是马歇尔想要接触梅的时候需要翻过的心墙，这解释了为什么他的每一次靠近都需要给梅很多的爱和安慰。

第 7 章

童年情感忽视如何影响你与父母的关系

　　从出生起，我们就强烈地渴望从父母那里得到关注和理解，这是我们人类的天性。

为人父母可能是这个世界上最为复杂、要求最多的工作，这也解释了为什么我们长大后，会发现自己与父母的关系如此复杂。

在整个人类史中，可能没有一对父母的养育方式是完美的。没有一对父母能用最健康的方式，满足孩子所有的需要。也从来没有一个孩子，在做好了完美的准备之后才步入成年。

现在，让我们来聊聊童年情感忽视。从我的经历来看，掺杂着童年情感忽视的亲子关系是最神秘的。因为童年情感忽视对人的影响是巨大的，而它的发生又是那么悄然无声。隐藏在平和家庭背后的往往是泛滥成灾的童年情感忽视。

你对父母复杂的情感其实是合理的，也有其存在的原因。不仅是你有这种感觉，许多看上去很好的人，都和你有同样的境遇。面对各自的父母，你们同在一条船上，忽而漂浮在愤怒、疼痛、贫乏和伤感的海洋里，忽而又停靠在爱与感激的岸边。

没有什么会比这样的经历更令人困惑。沮丧、痛苦或许还有内疚的情绪占据了你的内心，而你甚至都还没来得及发现父母忽视了自己的情感需求。虽然你在意识到自己缺失的东西后，可能会更理解这些情绪，但是它们并不会自行消散。事实上在很多情况下，你的负面情绪还会加重。

接下来，我们会讨论如何处理关于这些情绪的问题。当你的内心不认同的时候，你应该如何处理与父母之间的外在关系呢？

- 我是否该向父母解释他们在情感上如何忽视我？
- 我该怎么跟他们谈论这件事呢？
- 我该怎么实现这个心愿：从父母那里得到他们原来没有给予我的东西？
- 我该怎么处理自己的内疚感？
- 如果父母拒绝承认对我的情感忽视，我该怎么办？
- 如果父母对我的情感忽视还在继续，我该如何在亲子关系中保护自己？
- 我怎样原谅父母？

请继续阅读本书，我们接下来会为你解答这些问题。

识别三类在情感上忽视你的父母

有心无力型父母

- 放任型
- 工作狂
- 追求成就 / 完美

挣扎型父母

◎ 家庭成员有特殊需要

◎ 离异或丧偶

◎ 孩子早熟

◎ 有抑郁倾向

专注自我型父母

◎ 自恋型

◎ 权威型

◎ 有成瘾行为

◎ 有反社会倾向

请结合自己的亲身经历，看看哪一个类型或者具体的特质最符合你的父母。请注意，上面所说的三种类型，并非一成不变。放任型、工作狂、追求成就／完美的父母并不总是充满好意。比如，重视成就的父母很可能逼迫自己的孩子有很高的成就，他们这样做的原因并不是对孩子的关心，而是出于私心。这种父母并非有心无力型父母，而是专注自我型父母。请不要把这种分类看成严谨的自然科学类别。不过，对自己的父母有一个大概的类型界定，会帮助你保护自己，并有助于实施下一步计划。

有心无力型父母

在有心无力型父母之中，并非所有人都像奥斯卡的父母那样和蔼无害。这些父母在不知情的情况下，使用各种各样的方式消除他们孩子的情感需求。他们（放任型）有可能无法为孩子立规矩、严惩戒。他们（工作狂）也可能专注工作，无意间把物质的满足等同于父母的爱。他们（追求成就／完美）还可能过分强调孩子的成就和成功，哪怕这意味着牺牲孩子的快乐。

哪些特征让父母被归为第一种类型呢？他们相信自己的做法对孩子最好。他们的所作所为是出于对孩子的爱，而不是为了自己的利益。这类家长往往也是被如此抚养长大的。人们常常照着自己父母的方式来抚养下一代。如果要改变养育方式，我们就必须先培养情绪觉知力，然后有意识地选择有别于我们父母的方式去行动。

被好意型父母抚养长大的孩子，往往会有三种突出的状态：①具有所有童年情感忽视的症状；②对自己的症状感到很困惑，却不知道它们是从哪里来的；③很容易自责。作为成年人，你无法通过回溯童年来解释自己所面对的问题。因为你往往只看到好的一面，所有你能记起的事情可能看起来都很正常。你记得的都是父母的好意，却无法回忆起他们对你情感的忽视。

"这一定是因为我。我是有缺陷的。"你决定这样告诉自己。成年后，你面对自己的问题时会自责。你有时会对好意型父母产生莫名的怒火，之后又对此感到内疚。除非你在生活中自学到了情绪能力，否则你的一生都会与这种匮乏做斗争，因为你在童年时没有机会学习到这些。

有迹可循

- ◎ 虽然你爱自己的父母，但也常常被自己对他们的怒火吓到。
- ◎ 你弄不清楚自己对父母的情感。
- ◎ 你因对父母发火而感到内疚。
- ◎ 与父母在一起时，你感到很无聊。
- ◎ 你与父母缺乏沟通，他们不了解现在的你。
- ◎ 你"知道"父母是爱你的，但是你未必能"感觉"到这一点。

挣扎型父母

挣扎型父母之所以在情感上忽视孩子，是因为他们生活艰难，已经没有太多的时间和精力留给孩子，以及关注孩子的情感和困难。他们可能生活在失去亲人或朋友的痛苦和伤痛中，他们拼命地挣扎，渴望出人头地。如果他们还有一点点多余的能力，就一定会给孩子更多关注。

成长在这样家庭的孩子常常自给自足到极致。如果你生活在这样的家庭里，你必须在很小的时候就学会管理好自己的生活。同时，你还要去救助你身边每一个有需要的人。

　　在成长的过程中，你承担了太多本该由成年人承担的责任，又太少去肯定自己的情绪或者内心深处的自己。因此在长大后，你倾向于付出，并忽视自己的情感需求。在回顾自己的生活时，你能看到父母当年的挣扎。这会提升父母在你心中的地位，让他们成为你的英雄。他们吃苦耐劳，他们如此努力，他们是不会犯错误的。然而，即使这一切都是真的，他们还是忽视了你的情感需求。更令你难以接受的是，你心目中的英雄怎么能让你失望呢？这样的认知是危险的。因为你的情感需求没有得到满足，你自然会感到恼火。如果在你的认知中，父母是不可能失败的英雄，那么你很可能会把愤怒转向自己。最终，你会自责，会过度照顾他人，而不去照顾自己。你会由于缺乏情绪能力而陷入挣扎，毕竟没有人教过你这些。

　　有迹可循

- 你对父母有很多同情心，而且有强烈的意愿去帮助和照顾他们。
- 你对父母为你做的每件事都很感恩，同时又不明白为什么有时候对他们会有一种不清不楚的气愤。
- 你总是过度关注对别人的照顾，而这种照顾常常是以损害自己为前提的。
- 父母从不对你严厉，而且也没有在情感上伤害过你。

专注自我型父母

专注自我型父母与前两类截然不同。第一，对专注自我型父母来说，他们的动机并不一定是要为孩子好。他们的动机往往出于他们自己的需要。第二，这类父母往往非常苛刻，除了忽视孩子的情感需求，他们还会造成更多的伤害。

自恋型父母往往利用孩子来满足他们自己对虚荣的追求。权威型父母想要受到尊重，他们为了被尊重，可以放弃其他任何东西。有上瘾行为的父母虽然内心可能并不自私，但是对于酒精或药物的沉迷，会让他们无法理性地控制自己的行为。有反社会倾向的父母只想要两种东西：权力和控制感。

毋庸置疑，专注自我型父母是最难被孩子所接受的。没有人愿意相信，抚养自己长大的父母，其实内心并非为自己着想。根据人格障碍知识网络组织的报告，美国有 6.2% 的人具有自恋型人格障碍，有 1% 的人具有反社会型人格障碍（社会性病态）。此外，2016 年美国卫生与公众服务部的报告指出，美国有 2000 万人深受毒瘾的困扰。虽然很多有毒瘾的父母想要正确地抚养自己的孩子，但是他们在面对内心和外在的巨大障碍时已自顾不暇。

相对于被前两类父母抚养的孩子，被专注自我型父母抚养长大的孩子有一个优势，即知道自己的父母是有问题的。你能够记得自己父母的那些虐待、苛刻以及控制的行为。所以，在面对自己的成年生活时，你可能更了解自己的问题是从何而来，从而不会特别自责。

除此之外，你所面对的成长挑战要比别人多得多。长大之后，你会忽视自己的情感，还会承受被过度控制、虐待或者身体忽视的后果。你还会遭受缺乏处理情感的技巧所带来的危害。当你想要好好照顾自己，或者想和父母保持距离时，你会感觉那样做很自私。你对自己的童年经历感到很气愤，而又无从消解。

有迹可循

○ 在看望父母之前，你常常会觉得焦虑。

○ 与父母相处时，你的情感常常会受伤。

○ 在看父母之前、之中、之后，你很有可能会生病。

○ 你对父母很气愤。

○ 你觉得自己与父母的关系不真实，甚至有些虚假。

○ 你永远没办法判断下一秒会发生什么：你的父母可能一会儿与你很亲近，一会儿又对你拒之千里。

○ 有时候，你觉得父母可能在操纵你，故意伤害你，或者好像在和你闹着玩。

对比：情绪健康的父母

很多经历过童年情感忽视的人会问我："情绪健康的父母看起来是什么样子的呢？"可能在几年甚至几十年里，你都认为自己的父母是情绪健康的人。直到最近，你才意识到当初父母未曾给予你的东西。让我们来谈谈，如果成长在受父母关注的家庭中，你会有什么感觉。

有一点需要牢记于心：任何人都可以成为那个在情感上给予孩子关注的家长。虽然父母可能是工作狂，患有抑郁症，只关注孩子的成就，经历过丧亲之痛，患有人格障碍，但是他们都有可能成为那个给予孩子情感关注的家长。前面所说的那些状况仅仅反映了一部分现实。然而，许许多多有以上状况的父母，仍旧能够看到孩子们内心深处最独特的样子，并满足孩子们的情感需求。

那么，情绪健康的父母看起来是什么样子的呢？他们会关注自己的小孩。一般来说，他们知道自己的孩子在做什么。他们的情感是合理的、健康的，并且有好的情绪能力。因为他们能够识别其他人的情感，所以也能够识别自己孩子的感受。因为他们具有同理心，所以也能体会到孩子的感受。这让他们可以从孩子的角度思考问题，并满足孩子的情感需求。

情绪健康的父母也会犯错，也会让孩子失望。即便如此，他们仍会一直守候着孩子，孩子也能感受到这一点。因此，这与童年情感忽视不同，前者不会给孩子带来深深的孤独感。

成长在这样家庭中的孩子具备很多情绪能力，能够与别人建立情感联结。在他的内心深处拥有被支持的感觉。他了解自己，对自己有慈爱之心。最重要的是，他能够触碰到自己内心深处的情感。

有迹可循

- 你期盼看望自己的父母。有时候，在见过父母后你会感觉很好，并觉得自己的疲惫被一扫而空。
- 你对父母的情绪与对生活中其他人的情绪相类似。这些情绪是多样的，并且是能够被理解的。
- 你觉得父母理解你，即使这种理解有时会因为矛盾而被打破。然而，当矛盾解决后，你们又和好如初。
- 你不仅知道父母是爱你的，你还在情感上感受到这一点。

你在与父母的关系中可能体会到的感受

从出生起，我们就强烈地渴望从父母那里得到关注和理解，这是我们人类的天性。这种情感需求并非我们的选择，我们也无法摆脱它。这种情感需求很强烈又很真实，它也驱动着我们度过一生。我注意到，很多经历过童年情感忽视的成年人不愿意承认这个事实。这些人贬低这种人类核心的情感需求，把它看成软弱的表现，或宣称他们不再被这个需求所束缚。我非常了解他们为何这样做。毕竟在童年时期，他们那些人性最深处的需求被拒绝了。这是一种非常痛苦的体验。处理这种痛苦最自然的方式，莫过于把这些令人烦躁的需求最小化，或者干脆不让这些需求出现。

可事实上，没有人能够摆脱这些需求。你可以压抑它，排斥它，你也可以欺骗自己，可是这些需求不会自我消散。因此，在你的成长过程中，那些不被父母看到、知道、理解和允许的经历会在你的心里留下印记。然而，即使你在成长过程中经历过这些挫折，也不意味着你的生活会毁于一旦。事实上，如果你接受了自己那些自然和真实的需求，那么你非常有可能应对自己的痛苦，也能通过这种方式来治愈自己在成长中被忽视的情感。

经历过童年情感忽视的人对父母有很多矛盾的感受——爱与愤怒，感激与匮乏，亲切与内疚。然而，你并不理解这些感受。

你是否觉得有责任去参加传统的家庭聚会？仅仅因为你一直这样做，并且你的父母也期待你这样做？如果你想做些不一样的、对你自己更好的事情，你是否会觉得非常内疚？我敢打赌，你的答案很可能是："是的。"

然而，内疚并不会对以上情况有任何帮助，而了解这一点尤为重要。内疚是要让我们停止对别人造成不必要的伤害，而不是要让我们停止保护自己。你所需要的是照顾好自己的情感，并停止对自己反复的伤害和忽视。你是最不需要感到内疚的人。

因为内疚感会突然出现，并阻止你做出有益的改变，所以你必须向内疚感发动反击。我们接下来将要谈到做决定与行动时的技巧。在此之前，我想要给你一些帮助，以便应对在这一过程中可能出现的内疚感。

内疚管理技巧的四个步骤

1. 评估内疚强度

1 级代表最低程度的内疚，而 10 级代表最高程度的内疚。

2. 找到你内疚的真正原因

以下几个问题可以帮你找出真正的原因。请向自己提问，并将答案写出来。

（1）我到底对什么感到内疚？

（2）我的内疚有多少源自我做过的或者是考虑要做的事情呢？又有多少内疚是关于我的情绪的，例如我对生气、怨恨、烦躁和厌恶的情绪感到内疚？这些情绪因素分别占了多少比例？

（3）我的内疚感有没有给我任何有帮助的信息？

（4）有没有人（比如我的父母或配偶）故意想让我感到内疚？

3. 评估内疚强度，分析原因，做决定

如果内疚不会给你带来任何有帮助的信息，那么请尝试主动去管理它，这样内疚感就不会影响你跟父母设定边界的能

力。如果你的内疚强度比较低，那么你的内疚将会很容易管理。如果是中等强度的内疚，你可能就需要经常停下来，提醒自己"内疚是没有帮助的"，然后把内疚感放到一边。如果是高强度的内疚，那么我鼓励你去找人谈一谈，你可能会受益于一个受过专业培训的心理工作者。我见过很多虽然表面坚强，却被内疚感削弱了心智的人。他们在面对自己与父母的关系时，无法做出必要的改变。

4. 管理你的内疚

（1）你对父母那些负面的、复杂的、痛苦的感觉一定是合理的。这些情绪都是有原因的。

（2）你无法控制和选择你的感觉。

（3）感觉本身并无好坏之分，只有行为可以被这样评判。

（4）不管父母给你提供多少物质条件，这些都不能抵消他们因为忽视你的情绪而造成的损害。

（5）与父母设定边界是你自己的责任。即使这条边界会让你感觉不好受，但它会保护你、你的配偶与子女免受情感的损伤和消耗。

请利用上述四个步骤来管理你对父母的内疚感。除此之外，我想让你去拥抱所有的情感。因为你最真实的生活体验都在这些情感之中。

当你接受了自己的情感之后，一种特殊的自由感会随之而来，这是你以前在与父母的关系中从未体验过的。比如，当你不再因为生父母的气而感到内疚时，你就可以自由地倾听你的愤怒，倾听它所传递的信息，并据此进行情绪管理。你的愤怒是不是在告诉你：你需要与父母之间保持一点距离？你需要更好地保护你自己？你要对父母设定边界？你要对家庭责任说"不"？当父母忽视你的情感时，你更倾向于指出他们的问题？你需要和父母聊一聊童年情感忽视？这些信息都极具价值。可是，内疚感常常会掩盖它们。

为了帮助你处理对父母的感情，我设计了以下两个工具，希望你会经常使用它们。

接受和使用情绪的两个工具

1. 识别你的情绪

（1）在你下次与父母接触前，请先做好准备。你可以坐在一个没有干扰的房间，闭上眼睛，想象着你和父母在进行互动——不管是打电话、发短信，还是面对面交流。

（2）放松并调节自己的状态，扪心自问：在想象与父母接触时，自己有什么感觉？

（3）利用一个详尽的情绪词汇表，来帮助自己找到恰当的词语来描述对父母的感觉。

（4）当你和父母在一起时，关注自己的感受，与此同时，尽量找到能描述你自身感受的词语。

2. 使用你的情绪

为了管理你的内疚，并且更好地接触和使用自己的情绪，请了解下列方法。

（1）请记住，即使你不理解自己对父母的感觉，它也一定是合理的。

（2）请尽力去接受你在工具 1 中列出的每个情绪表述。永远不要去评判自己的感觉。当内疚感出现时，你要把它击退。

（3）审阅你列出来的情绪词语（哪怕一个也好），然后问问自己：这种情绪在告诉我什么？是要我做什么，还是要我说什么？这是一个很久之前的情绪，现在已经不再有用了吗？

（4）如果你感觉要采取行动，而且这个行动对你是健康的，请考虑实践它。如果这是一个很久之前的感觉，而且现在也没有什么用处了，那么请尝试承认并接受它，然后对自己生起慈爱之心。这会帮助你继续前行。

（5）如果你觉得上述的某些方法非常复杂，请不要裹足不前。你可以找一个自己信赖的家人、朋友、心理治疗师，向他们寻求帮助和支持。

第 8 章

保护你自己：设立边界和自我照顾

虽然你的父母确实给了你生命，并抚养你长大，
但这并不意味着你有义务去讨他们欢心。

　　在我们考虑是否需要和父母讨论童年情感忽视之前，我们必须在你身上花一点时间。

　　你的一生都生活在悖论之中。也许，你曾经相信父母是爱你的，可是你从来没有体会过这种爱。也许，你过去一直认为自己有责任对父母表现出关心和温暖，可是又觉得这种表现不是出于你的真心。也许，作为成年人，你以为自己的童年很美好，可是又觉得童年有遗憾。

　　悖论让人困惑。悖论让我们怀疑自己，并让我们感到软弱。在此，我们将带你认识自身，让你接触到自己与生俱来的自然力量。你虽然无法改变父母，但是可以改变自己。你越强壮，就越能保护好自己，也就为改变与父母的关系增加了成功的砝码。

　　本章我们会谈论几个非常重要的问题，比如：什么时候说"不"？如何打破家庭的传统和预期？是否应该尝试原谅你的父母？怎样处理你内心深处想改变父母的期望？

　　在这个瞬息万变的时代，只有一件事几乎没有改变：传统观念告诉我们，无论如何，我们都应该爱并尊重自己的父母。乍一看，这个生活的规则像是明摆着的事。难道不是所有的善者都应该爱并尊重他们的父母吗？然而，真实的答案是："不！"虽然你的父母确实给了你生命，并抚养你长大，但这并不意味着你有义务去讨他们欢心。你没有要求父母把你带到这个世界上来，是他们决定要把你带来的，所以抚养一个小孩健康成长也是他们的责任。他们要为自己的繁衍生息贡献力量，你和你的父母也不例外。没有人能规定你去牺牲所有来满足父母对爱和情感的需求。

因此，把你自己的需求放到第一位是非常重要的。我在本章和下一章都会讲到这一点。事实上，你在和父母互动时，请谨记：如果你为父母牺牲了自己的情绪健康，那么这等于你付出了沉重的代价却一无所得。

你与父母之间的关系类似于其他长久的人际关系。它要求双方都具备足够的情绪觉知力，从而让双方都觉得自己被理解、被重视、被肯定、被关怀，而且这种关怀是真诚且有意义的。这些不能只是来自某一方的给予，给予一定是来自双方的。

何时开始设立边界

到目前为止，你很可能一直在努力按照社会上的普遍观念（"爱你的父母"）来要求自己的行为，当你感到自己没有这样做时，你就会自责不已。你怎么知道什么时候应该打破家庭传统和父母对你的预期，从什么时候你该对父母说"不，对不起，我们不能过来一起吃晚餐了"？

现在，我会给你一些简单而又重要的指导，来帮助你做一些决定。你做这些决定时要考虑相应的代价。

你可能要问："我又怎么知道代价是什么呢？"对于这一问题，我会一如既往地跟你说："跟随你的感觉，你的感觉会给你答案。"

在你与父母互动之前，你的感觉是怎样的？当你与他们在一起时，你的感觉是怎样的？当你和他们分开之后，你的感觉又是怎样的？事实上，对于那些喜欢数学的人（或者即使你不喜欢），你都可以使用如下情绪公式。

> 你体会到的积极感觉（正数）+ 你体会到的消极感觉（负数）= 你的决定

举例来说，当你去见父母时，你可能会有一些积极的感觉：你的父母会照顾你，也能让你体会到对这个家庭的归属感。同时，你也会有一些消极的感觉：觉得自己不重要，在情感上或人格上被忽视。在这种情况下，请你比较一下积极感觉和消极感觉。它们之中哪类更普遍，哪类更强烈？它们是不是相互抵消，最终两者之和变为零？如果最后你的结果是零，或者是负数，则说明你有责任要对自己更好一些，并且要设立边界，对父母说"不"。

请记住，你无法选择你的感觉，也无法改变你的父母。一旦你开始为了与父母保持关系而牺牲自己的感情时，你将付出无法承受的代价。如果你已经有了伴侣和小孩，他们将无法避免地和你一起承担这个代价。

> ### 梅
> 在一年前的家庭聚会上，梅和妈妈因为热狗砂锅发生了

些不愉快。现在，梅的妈妈给她打来电话，邀请梅、马歇尔和他们的孩子来参加一年一度的感恩节家庭聚会。梅这次没有接起电话，而是转入语音留言。梅在听留言时，感到一阵惊恐。

对梅来说，上次的家庭聚会是她与父母关系的一个转折点。在那次聚会中，梅注意到，她的孩子们特别喜欢从外公、外婆那里获得关注和奢侈品。还有，在那几天，马歇尔出现了间歇性头痛，而她自己则感染了肠道病毒。在那次家庭聚会之后的两周里，她的孩子们格外渴望得到别人的关注。与此同时，梅觉得格外低落，感觉自己的精力已经被耗尽。她总是胡思乱想，并对孩子们发脾气。这段经历让梅开始感到好奇：自己与父母之间的关系是否有问题？

此时，当梅收到感恩节的邀请时，她的生活已经发生了一些改变。她阅读了关于童年情感忽视的书籍，并理解了童年情感忽视如何影响着她的生活。对梅来说，马歇尔对自己的爱曾经是一种挑战。在梅和马歇尔开始接受夫妻咨询之后，他们的关系在进步，梅也开始与自己的情感相协调。当听到母亲的留言时，她用了自己的情绪公式：渴望＋需求＋恐惧＋空虚＋忧伤＋伤痛感＋气愤＋害怕≤0。

梅的情绪公式揭示了一个负面的结果。她意识到，她需要更好地照顾自己、马歇尔和孩子们。她意识到，她的情绪在对她说："你需要做一些以前没有想过的事情。"她必须对感恩节聚会说"不"。

她在与马歇尔商量后拨通了母亲的电话。"很感谢您邀请我们参加感恩节聚会，但是我想我们今年遇到了一些变化。因为我们有好几个月没有去看马歇尔的父母了，所以决定今年到马歇尔家里去。我知道之前的每个感恩节我们全家人都在一起，这次真是非常抱歉。"

梅的那位自恋型母亲非常生气，之后有几个星期都没再打来电话。对梅来说，虽然这个决定很艰难，但是在马歇尔的支持下，再加上她对自己情绪的觉知和理解，梅应用了内疚管理技巧，来对抗那些不必要的、没有用的内疚感。梅成为自己情感的英雄。她保护了自己、马歇尔和孩子们免受自己父母的情感伤害。

奥斯卡

奥斯卡与奥莉芙结束了他们的夫妻咨询。几个月后，他们决定再去看望奥斯卡的父母。这时，奥斯卡的父母年事已高。当然，他们的性格从未改变。现在的奥斯卡能够更加觉知自己的情绪。他不会像之前那样，毫无准备地去看望父母。现在他会期待与父母共度美好时光。之前，他每次去看望父母，都会以深深的失望告终。他现在知道，在去看望父母之前，他需要反复检视自己的内心。

在给父母打电话之前，奥斯卡坐下来，开始审视内心，然后

问自己："在给父母打电话前，自己有什么感觉？"他得出了
自己的情绪公式：爱＋动力＋兴趣＋责任＋空虚＋忧伤＝0。

　　奥斯卡的公式结果是0。这意味着，从他内心的正面情
绪和负面情绪综合起来看，结果虽然没有损害他，但也没有
帮助到他。我需要指出，结果为0本身就让人非常痛苦，而
且让人有种内心被掏空的感受。毕竟，在看望父母之后，每
个人都理应有一些积极的感觉，应该感到从中得到身心支
持。所以，结果为0其实本身就是负面的。

　　在这些结果的基础上，奥斯卡意识到他必须在制订计划
时照顾好自己。然而，奥斯卡也看到他的结果并没有糟糕到
让他必须避开所有的联系，所以他计划跟父母在外面见面。
他计划了一个让大家一起参与的有趣活动（短暂地参观一家
当地的艺术博物馆，之后在馆内餐厅吃午餐），从而使他可
以分散注意力并得到一些乐趣。他还请求奥莉芙在外面的时
候不要让他单独跟父亲待在一起，这样他就不会感受到跟父
亲在一起时强烈的无聊感和空虚感。

　　奥斯卡的父母用他们特有的肤浅又平淡的方式，接受了
这次不寻常的外出。奥斯卡和奥莉芙为这次短暂而有目的的
活动松了口气。这样一来，他们可以最大限度地体会到正面
情绪，同时也减轻了负面情绪。这次活动结束时，奥斯卡的
情绪总和从0变成正数。过去他与父母交往的情绪体验都是
0，而这次显然是个巨大的成功。

通过自我照顾来保护自己

　　设立边界和对父母说"不"对梅和奥斯卡来说很重要，对你来说同样重要。这样做能保护你自己的感受。当然，关键在于让你自己的情感痛苦最小化，既保护和照顾好自己的情感，又能实现其他的目标。你还给予了自己空间、稳定性和力量来发展你全部的潜力。同时，你也充实了自己，使你可以给予伴侣和孩子无价的情感（参见本书的第三部分）。

　　如果你想要开始改变与父母的沟通方式，比如开始设立边界，以及与他们谈论童年情感忽视，你可以通过增强你的情感力量来获得极大的帮助。投入更多的注意力和能量在你的自我照顾上，是增强情感力量的最好方法。当你更注意照顾自己时，你替父母做了他们本该做的事。这样一来，你会重获新生。如果你遭遇过童年情感忽视，那么现在作为成年人，你需要花精力去注意你的情感需求。请看下面表格中的例子。

因为你的父母没有：	所以你现在需要：
接受你的真实感觉	接受自己的真实感觉
发现你需要休息	确保自己得到足够的休息
为你精心安排生活	并然有序地安排自己的生活
教会你如何处理情绪	学习情绪管理
教会你如何说出你的情绪	提升自己的情绪词汇量
示范如何表达情绪	练习表达自己的情绪

（续）

因为你的父母没有：	所以你现在需要：
学会如何谈论事情	练习谈论事情
当你心烦时给你抚慰	适时安抚自己
深入地了解你这个人	花时间深入了解自己
支持并鼓励你	接受他人的支持
当你需要时给你帮助	请求并接受他人的帮助

我知道，尝试用这些方法来填补你的童年缺失，仿佛是一个难以完成的任务，但是这确实有用。给予自己从未得到过的东西，需要大量的投入和坚持。有一个事实对你大有帮助：做这些事的感觉很棒。当你终于可以填补自己缺失的东西时，你会感到充实而富有活力。

如果你害怕设立边界，而且在你阅读上面的表格时，感到不堪重负，这可能是你的情绪在告诉你：你还没准备好。在这种情况下，我建议你暂时休息，并且花些时间了解自己的童年情感忽视。当你觉得自己准备充分时，请回到此处继续阅读。

边界的神奇保护作用

有效的边界是你在一生中保护自己的关键因素。当你遇到关系裂痕、争吵、侮辱和其他生活中难以避免的考验时，你需要有效的边界来保护自己的自尊心免受损伤。

　　虽然你的边界在很多时候都能帮助你，但是我们在这里只讨论如何将它们运用到你和父母之间的关系中。接下来，我们将讨论四种边界，以及它们是如何发挥作用的。

○ **物理边界**：这个边界是最容易想象和理解的，因为它是物质上可见的。它指的是你跟父母之间的物理距离。你住的地方离父母家很远吗？你住在他们的隔壁吗？当你跟父母在一起的时候，你们的物理边界暂时弱化了。

○ **外部边界**：这个边界必须坚固又灵活。它是一个过滤器，帮助你抵御父母乃至外界的侮辱和伤害。当你的父母忽视你，没有觉察到你的需求，在无意或故意间说了伤害你的话时，这个边界会出来保护你。它充分分析你父母的话语或者行为，并且帮助你挑选出你需要认真对待的真实反馈，以及你需要拒绝的东西。

○ **内部边界**：这是保护你和他人不被自己伤害的边界。它是你的情绪和行为之间的过滤器。这个边界帮助你管理愤怒、受伤和痛苦等强烈的情绪，并且决定是否以及如何向你的父母表达情绪。它帮助你克制一部分情绪，有目的性地选择一部分情绪，并用周全的方式表达出来。

○ **时间边界**：我们都背负着过去童年情感忽视的经历，而且我们的情绪并不见得会遵循时间的法则。当我们成年后，父母再次在情感上忽视我们时，童年时深刻的感受会毫无预兆地出现在当下的情境中。这就是为什么今天的一件小事会让你感到巨大的痛苦。一个适宜的时间边界会帮助你区分过去和现在的痛苦，从而使你可以体会并表达符合当前场景的真实情绪。

适宜的边界可以在很多地方帮到你。它可以帮助你搬离父母的住处，或者化解你受伤和愤怒的情绪，让你有时间去思考你与父母之间的问题。在适宜的边界下，你可以抑制住对父亲刻薄话语的反驳，也可以区分过去和现在的感受。这些技巧对于帮助你建立与父母之间的健康关系是很宝贵的。

在这四种边界里，最容易理解和使用的是物理边界。这就是为什么很多人只选择设立物理边界——搬家或者远离父母。虽然物理边界很有用，但这常常不是一个完美的解决方法。尽管它可以给你一些需要的距离，但是它不能帮助处理你的情绪。即使你从父母家搬走、离席而去、挂掉电话，你还是需要另外三种边界来保护你。

下面的这个练习，可以帮助你建立并加强你的外部边界、内部边界、时间边界。你首先选择一个自己想设立的边界，然后跟随下面的步骤去做。

练习"设立边界"

（1）闭上眼睛，伴随着安静的深呼吸，在脑海里从 1 数到

10。

（2）想象你被一个圆圈包围。你在正中间，被你最舒适的个人空间所环绕。

（3）将圆圈变成一个可见的边界。它可以由任何你喜欢的材料构成：透明或者不透明的塑料、砖头、光滑的水泥，或者其他东西。只要它足够坚固，它可以是任何你想要的样子。请试想这个边界的样子。

（4）这个边界是坚固的，只有你能改变它。你可以让各类事物进入内部边界或者外部边界。你拥有全部的力量。你是安全的。

（5）在边界内待一分钟或者更久，享受这种控制自我世界的感受。

（6）每天重复一次这个练习，并且在每次与你的父母交流之前和之后（如有必要）都重复这个练习。

当你充分使用自己的边界时，它会开始自动运行。为了创建并学习如何使用它，你需要特意去想象并且练习它。在开始做练习的时候，你需要想象练习边界时的场景。比如，你现在要去看望父母，而你知道，在此过程中，父亲的一个随意的评论会暴露出他多么不了解你（这种事常常发生）。

在这个考验中，你需要运用你的外部边界，将你父亲的评论过滤出去，并且不被它所影响。如果你还想处理好内心的反应，你也可能需要内部边界。你可能还需要设立时间边界，来帮助你过滤掉他过去带给你的伤痛。在你出发之前，坐下来跟着上面的步骤来巩固你的时间边界、外部边界和内部边界。

在你父母家，请等待父亲的评论到来。如果它来了，请马上想象你的边界围绕着你，帮你过滤掉它。你的过滤器问道：在父亲的评论中，哪些是指责我的话？这些话反映了真实的我吗？我现在的感受有多少是源自过去，有多少是因为他今天的评论？我需要回应吗？

你的外部边界说：这些话没有一句能反映真实的你。事实上，你父亲不了解你，这源自他自己的局限性，而不是你的价值。你现在感受的 80% 来自过去的伤痛，20% 来自今天的经历。你可以在这之后与你的朋友、伴侣、兄弟姐妹或者心理咨询师谈论这些。你的边界将你保护在安全范围之内。

就这样，你拥有了保护自己的力量。你保持了自我价值，捍卫了自尊，控制了情绪。

像这样设立边界，可能看似是一件无法完成的任务。然而，我向你保证，我帮助很多人经历过这个过程，而且实现了很好的效果。不过，请不要忘记，有意识地想象和使用你的边界是至关重要的，因为它们不会通过阅读就奇迹般地出现。如果这对你来说太有挑战性，而且在与你父母相处时你一直遇到感情和回应上的困难，那么我建议你去寻找更多帮助。找一个受过训练的咨询师来帮助你增添力量、设立边界。

当你足够强大时，你会有所体会。你会准备好前往我们的下一个阶段。你会考虑与你的父母谈论童年情感忽视的恰当时机。

第 9 章

如何与父母谈论童年情感忽视

　　现在你的情感成长已经超越了你的父母。需要你
做决定的时刻到了！你是否想要将他们带入你的疗愈
之旅？

奥斯卡

奥斯卡在开往父母家的路上陷入沉思。他琢磨着在过去一年他经历过的事。他打败了癌症，而且幸运的是，他和奥莉芙正在改善他们的婚姻关系。在寂静的车里，他想象着当父母得知自己和姐姐布莉特正在为其准备结婚 50 周年纪念派对时，他们会多么欣喜若狂。

他感到比过去任何时候都要满足，而且乐于跟父母分享这种喜悦感。

"我们没有想到你今天会来，这可真是个惊喜呀！"在他进门时，奥斯卡的母亲呼喊道。

"我想给你一个惊喜，还有一些好消息。你能把爸爸叫来吗？"奥斯卡回答。

当他们三个围坐在厨房饭桌旁，奥斯卡向他们解释了派对计划，还兴奋地说道："我认为结婚 50 周年绝对值得办一个大派对，你们不认为吗？"此时，他停下来看了看他的父母，才觉察到他们的脸上并无欣喜。他的母亲看起来很有压力，而他的父亲看起来有些烦躁。他目瞪口呆地等待着他们的说法。

"好了，亲爱的，你能这样想很好。可是，你了解我们，我们不喜欢吵吵闹闹。能不能就你、奥莉芙、布莉特过来，我可以做点你们都爱吃的烤肉排？赫布，你不觉得那样会更好吗？"她说着，同时用胳膊轻轻碰触她的丈夫。

"哦，当然了，"赫布插话进来，"我们不需要大派对。儿子，我很高兴你顺便来看望我们。我需要在理发店关门前过去。"他边说边站起来，从衣架上拿起了大衣，走出了门，只留下一句："帮我向奥莉芙问好！"

然后，他就消失了。

奥斯卡看了看他的母亲，她的压力消失了。"奥莉芙和孩子们怎么样？"她问道。她用了最擅长的方式——转移话题。

在车上回想了几次这个场景，奥斯卡的感觉更糟了。他的脑海中形成了一个决定。

"他们太害怕情绪表达和情感联结，以至于都无法庆祝他们婚姻上的非凡成就。我不能继续这样生活了。我需要跟父母谈谈情感忽视的问题。"

当你到达像奥斯卡一样的人生十字路口时，这是一个标志。这标志着你在情感上的成长已经超越了你的父母。下面是奥斯卡已经完成的清单。

（1）他必须开始承认他的有心无力型父母让他失望了。

（2）他必须停止责备自己，也开始意识到哪里出了错和怎么出的错。

（3）他必须认识到，他的情绪是他生活中的重要角色。

（4）他必须认识到，他的感受很重要，并且接受它。

（5）他必须认识到，他的情感需求很重要，并且接受它。

（6）他必须认识到，他自己很重要。

如果你已经通过这六个成就，并取得了巨大的进步，那么我将诚挚地恭喜你。我想让你静默片刻，以便审视并承认你的进步。

现在你的情感成长已经超越了你的父母。需要你做决定的时刻到了！你是否想要将他们带入你的疗愈之旅？他们是否无法跟上你的脚步？不幸的是，如果他们没法理解并领悟"童年情感忽视"这个概念，如果他们没法承认自己曾经忽视过你，那么你必须在情感上将他们抛在身后。

你刚刚读过的这段话很沉重。阅读时，你是否感到心里一沉？如果是这样，我能理解。当你开始思考这个问题，你终于面对了心中的犹疑不决："我该告诉父母他们曾经在情感上忽视了我吗？这会把事情变得更糟吗？"

缺乏情感认同的成长环境使你在生活中遇到多重困难。现在你遇到了一个大难题：不是所有的父母都可以或者应该接近这个话题，不是所有的父母都值得你冒这个风险。在本章我会帮助你分析整理如何应对不同类型的父母，以及他们不同程度的倾听能力。

我们会讨论你和你父母的内疚感，如何使用你的边界，如何与父母谈论童年情感忽视，以及如何尽可能地为取得成功做好准备。

你是否应该和父母谈论童年情感忽视

每次有人问我是否需要与父母谈论童年情感忽视才能疗愈自我时，我希望可以得到 1 美元。我还希望每次我响亮地回答"不"时，可以再得到 1 美元。[⊖]

你的父母可能因为看起来不可救药，而不值得这类谈话；你也可能觉得与你的父母谈论这个话题太过冒险、困难或者没有必要。我保证这没问题。因为与父母的谈话只会带来额外的好处，更重要的是把你的精力放在治愈你自己的童年情感忽视上。

不论出于什么原因，如果你无法跟父母讨论这个话题，本书的第二部分会帮助你独自前行。

当然，有些人决定与父母谈话，而且发现谈话很有效。我说的"有效"是指这些谈话促使情感被忽视的人取得了一些进步。通常，你会预测与父母谈话的结果好坏，来判定是否进行谈话。

在这一问题上没有一个正确或者错误的答案。这是一个非常私人的决定。为了帮助你做这个决定，我会问你一些问题。

第一，你的父母属于哪个类型？这个问题很关键，因为你父母的类型在很大程度上说明了他们可能会有怎样的回应，以及你们的谈话可能带来的利与弊。

一般来说，与有心无力型父母和挣扎型父母谈话更有可能

_____

⊖　作者想通过这种表达方式来强调此类状况的普遍性。——译者注

带给你一些好处，而专注自我型父母则截然不同。我们知道，有心无力型父母并不特别自私或者专注自我。他们没想过故意伤害你或者不去接近你。他们有好的意愿，却不知道自己在情感上忽视了你，而且他们现在还没意识到这些。在与有心无力型和挣扎型父母沟通时，你不太可能因为他们愤怒的回应而感到受伤。你要知道的是，如果你跟他们谈论这些，你可能会给父母带来一些疑惑，并开启他们的心理防御机制。

与有心无力型父母沟通会带来不错的机会。他们很可能会对这个话题感到困惑：他们一开始可能听不懂你说的话，或者认为你在责怪他们。然而，他们中的一些人会继续听你解释"童年情感忽视是多代人遗留的问题"，这不是他们的过错，而且你也感激他们为你做过的事。最重要的一点是让他们意识到：用复杂而深刻的方式思考情感是真实的、有用的、有力量的。"童年情感忽视"对他们来说可能是一个很难理解的崭新概念。

挣扎型父母可能是最容易沟通的，毕竟在某种意义上，他们也是受害者。作为失去亲人、遭遇疾病、被抛弃和处于特殊境遇的受害者，他们努力将你养大。这些父母有客观的理由在情感上忽视你，这也可能帮助你理解他们的自我防御和自责心理。对挣扎型父母来说，在跟他们谈论童年情感忽视时，承认他们的境遇、压力和他们为了善待你所做出的努力是很关键的。

专注自我型父母是最难沟通的，这类父母更有可能在情感上打击到你。他们很难通过同理心来理解你的感受，而同理心是理解他人感受的必要条件。专注自我型父母可能不愿意为自己对他人造成的影响承担责任，这导致他们很难承认自己曾经伤害或者辜负了你。如果你的父母是这样的，那么我鼓励你谨慎行事，权衡利弊，明确你谈话的目的之后再做决定。以我的经验，你最多可能得到一个空洞肤浅的回答。在最差的情况下，你可能得到一些愤怒、伤人的话语和报复性的行为。

对经历过童年情感忽视的成年子女来说，父母的回应同样有用。你终于可以将你的感受通过语言表达给你的父母，这可能使你感到治愈和释放。你至少有理由在未来对他们说"不"或者设定其他边界。这无疑是很有价值的事。

第二，你在现在的关系里有多痛苦或者不舒服？这个看似简单的问题其实一点都不简单。在你遭遇过童年情感忽视之后，痛苦的感受可能会变成你的一部分。你可能习惯于这种痛苦的感受而不自知，而且你可能以为别人也会有同样的感受。

本书第 7 章提到的工具可能会帮助你回答这个问题。还记得第一个工具（识别你的情绪）吗？我们用它来帮助你辨认你在与父母相处时的感受。你可以试着使用那个工具，并将重点放在测量负面情绪的严重程度上。在此，请重审你之前列出的情绪词汇表，并将痛苦程度分为 1～10 级。因为此处的问题与第 7 章的问题类型不同，你可能无法得到确切的答案。你可以通过体会自己的感受，并且重新理解情绪的内涵，从而大致判断自己的痛苦程度。

第三，你的痛苦在阻止你的痊愈吗？很多遭遇过童年情感忽视的人正在向治愈的方向迈进，然而看望父母却阻碍了一部分人治愈的进程。再次回到问题源头的确可能使你退步，这就好比你的伤疤刚刚痊愈，可你又从自行车上摔了下来，伤口被再次撕开。

你会觉得自己刚感到好些，可是在想到父母或者与他们交往时，又感觉很糟吗？你会觉得父母是你自我疗愈路上的障碍吗？请倾听你内心深处的声音，并且注意不要过度思考。如果你觉得是这样的，那就是这样的。

第四，你觉得你的父亲或母亲有理解童年情感忽视的潜力吗？你的父母可能已经离婚了，或者他俩为人处世的方式很不相同。在你的父母中，一个是有心无力型的，另一个是专注自我型的吗？他们中的一方比另一方更有同理心吗？他们一方爱争辩，另一方更平和开放吗？

你不需要与父母双方同时谈论这个话题，甚至根本不需要告知双方。在很多情况下，你最好选择先与两人中更能理解童年情感忽视的那一位交流。

请分别想象你跟父亲或母亲谈话的情景。他们最好一起听，还是分开听？在这样的一次谈话里，没有一个绝对正确的方法。你的最终目的在于为最好的结果做准备。如果选择先与父亲或者母亲交流可以带来好结果，那么我鼓励你这样做。

第五，如果你的父母消极回应，你会有什么感受？与你的父母谈论童年情感忽视时会有一个很大的风险，那就是得到情感忽视的典型回应。当你经历足够多这样的回应以后，通常会停止试图再与他们谈论任何事情。你需要仔细想想这种情况会让你产生什么样的感受。我们可以去考虑这个讽刺的场景：当你试图与父母谈论他们对你的回应不够时，他们却没有给你任何回应。

你的父母可能一开始表露出关心或者兴趣，然后就再也不会提起这件事了。他们可能明显无法理解你在说什么，并且仅仅表现出困惑的情绪。他们可能迅速岔开话题，或者痛哭流涕，让你不得不安慰他们。

如果上述情况发生了，请想象你会有什么感受。这会不会给你带来巨大的失落，或者你由此确认了你遭遇过的童年情感忽视？你能够解决这个问题吗？它会让你退后吗？请考虑这些情况的可能性和它们带给你的感受。

第六，当你的父母做出负面回应时，你是什么感受？很多父母都有可能对这个话题做出负面回应，尤其是专注自我型父母。也许你的父母会马上变得百般辩解，或者对你发起语言攻击？如果他们怪罪你，说你太敏感，或者羞辱你呢？如果他们通过排斥你或者与你保持距离，来惩罚你或者保护自己呢？

这些情况其实具有积极作用。如果你的父母是"自私自利的"，你可能会因为距离感的增加而如释重负。无论他们的反应有多负面，你都可能会因为能够对他们讲真话而为自己感到骄傲。你也可能因为他们现在的回应与在你小时候得到的并无差别而感到释然。

请仔细考虑你的答案，这个答案非常私人且只属于你。这个问题的答案不分对错，只有你可以想象你的感受，也只有你可以选择对你正确的决定。

第七，无论结果如何，与父母分享这个话题会使设立边界更容易吗？ 像我们已经说过的那样，在必要的时候，你需要从父母那里保护你自己。这取决于你曾经受到了多少伤害，以及他们有多少能力参与你的治愈过程。这可能包括减少与他们相处的时间，拒绝他们的邀请，减少你们打电话或接触的次数。

有时候，当你可以确切地描述你的感受，并接收到你父母的回应时，你会不再那么害怕让自己显得自私或者对设定边界感到焦虑。至少你可以安慰自己，你给了他们机会来理解、关心和回应。当他们选择拒绝时，责任很明显在他们身上，而你则可以选择去保护自己。

第八，与父母交谈可以带给你什么，而你会失去什么？ 下面我们会探讨得失问题。有些关于童年情感忽视的谈话是完全积极的，有些则是完全消极的，但大部分都是好坏参半的。请浏览一遍你对于上述问题的回答：你父母的类型、他们倾听你的可能性、你对他们回应的感受，你的父母是否一方比另一方更具潜质，以及你的痛苦有多强烈。请将这些情况铭记于心，然后感应你的直觉。你想怎么做？你的直觉是告诉你在治愈之路上忽略父母，保护并专注于你自己，还是告诉你想要冒个险去与他们交谈？不论它说什么，我都鼓励你去听，因为你的直觉可能比你更了解自己。

"当我像你这么大的时候，我已经很会压抑情感了。"

如何与父母谈话

好了，现在你的内心会告诉你，你可能想要试着与父母谈话。我们已经讨论过自我照顾和设立边界，而且我希望你已经投入精力在实践它们。我们马上就可以将之前讲过的所有内容整合在一起使用了。

合理设立你的边界

先让我们从你的四种边界开始。在你与父母谈话之前，你需要将边界放在合适的位置上。准备好你的外部边界，来帮助你过滤并处理你父母的回应，不论它是消极回应、过激反应，还是愤怒和报复的回应。让边界提醒你，你父母的反应仅仅代表他们自己的意见，与你几乎没有关系。让边界提醒你，你没有选择在情感忽视的环境中成长。让边界提醒你，你通过斗争拥有了情绪健康，没有你的允许，没有人可以破坏它，即使是你的父母也不可以。让边界提醒你，你取得了多少进步，而且你应该为自己感到骄傲。请准备好在这种情况下使用外部边界，并且好好利用它。

你的内部边界会帮助你与父母进行沟通，让你在他们无法冷静时保持冷静，并且慎重选择你的用词。你的物理边界会让你在谈话之中或者之后与父母拉开物理距离。你的时间边界会帮你将旧伤放在一边，处理当下发生的问题。

将自己放在第一位

遭遇过童年情感忽视的你很难把自己放在第一位。你的自然倾向是将他人的需求和感受放在自己前面。

虽然你想怀着同理心与父母谈论童年情感忽视，但是这并不等同于将他们的需求放在首要位置。你与他们谈话主要是为了让自己受益，请铭记这一点。当你们进行谈话时，请将你的需求放在最前面，平衡你对父母的关心与自己的需求。你可以与父母聊聊自己的经历和需求，同时也要保护好自己。因为你现在能意识到自己的情绪，也更加了解情绪的运作方式，所以你可以挖掘情绪，并将它用作这次重要交流的资源。

你的情绪会告诉你什么时候去接近你的父母，什么时候可以多说一点或者休息一下。注意你父母的感受会帮助你以他们能接受的方式传递你的想法。不过，请要确保你做的每个决定都主要基于你的需求，其次才是他们的需求。

设定你的期望

提前设定你的期望，不仅包括确定现实的目标，也包括明确成功的合理定义。你对成功的定义在探讨这个话题时很重要，因为当你与父母对话时，你对结果的影响仅限于你自己控制的那一半，剩下的那一半取决于你的父母。

我鼓励你为自己的第一次尝试确立一个小目标。如果你父母的情绪觉知力不高，你可能仅仅需要在第一次交流时告诉他们你在深刻思考你自己、你的童年、你的家庭关系。请记住，你完全可以与父母进行多次交谈，而且最成功的交谈几乎都是从小的进步开始，以你和父母可以接受的速度逐渐变化的。

当你第一次尝试与父母对话时，你可以设定如下现实目标。请从如下目标中选择一个去达成，或者根据你与父母之间的关系，想出一个适合你个人情况的小目标。

◌ 他们可以花 5 分钟倾听你有关自己的重要谈话。

◌ 他们听到"童年情感忽视"这个词。

◌ 他们分享一段自己遭遇童年情感忽视的经历。

◌ 他们听你讲述一段童年情感忽视的经历。

◌ 他们知道你在深入思考你自己、你的童年以及他们。

◌ 他们同意去看一篇关于童年情感忽视的文章。

◌ 你暂时能够与他们建立情感联结。

选择你的情景

根据你父母的个性，选择一个最适合与他们交流的地方，确保你们拥有足够的时间和舒服私密的地点来放松交谈。

请想想在一天、一个星期、一个月或者一年里你与他们相处感到最放松或者最开心的时候。你可能邀请他们去吃午饭或者晚饭，邀请他们过来或者去他们家里看望，跟他们去散步或者让他们跟你一起去办件事。你的"最佳时机"对你和你的父母来说是独一无二的。

你需要考虑提前与父母打好招呼是否会有帮助。你可以告诉他们"我有点事想跟你们说"，使他们对于即将发生的事有点头绪，也帮助他们做好准备。然而，对于某些父母，提前告知会使他们感到焦虑或者选择逃避，导致事与愿违。请听从你内心的声音来处理这件事情。

有的人认为，最好不要主动选择时间和地点，而是去等待恰当的时机出现。有时候，这些"最佳时机"无法被计划或者布置，等待自然发生的时机也会带来不错的结果。然而，等待好时机的风险在于它可能无法自己发生，也可能需要太久的时间。对一个合适时机的无限等待和观望可能是个痛苦的过程。这难道不是你童年经历的重现吗？

选择你的桥梁

我说的"桥梁"代表你与父母接触的方式，你可以把它看作一个连接器。当你在选择时，请考虑你父母可能会感兴趣或认可的方式，或者至少是他们能忍受的方式。下面列举了一些从最谨慎到最大胆的想法。在阅读时，请代入你的父母，并且想象你有没有可能通过这个"桥梁"（或者加上你的改动）在心理上接近父母。

桥梁：从最谨慎到最大胆

- **积极的开场白**：不论你使用何种方法，都请从通过认同父母开始。分享一些你感恩他们的事，比如在你小时候他们赠予你的东西。这可以为你铺垫好关于你或者他们童年的谈话。请用真诚和亲密的方式问问父母："你是怎样把你小时候没得到的珍视之物给了我呢？"事实上，他们之所以没法给你的情感认同，是因为他们也没有得到过。

- ◦ **给父母一些同理心**：请你带着同理心，试着提起一个可能引起父母脆弱情绪的话题，然后去体谅他们的情绪，并且告诉他们，你能理解他们的感受。

- ◦ **体验同理心的交换**：通过分享一些你自己的脆弱情绪，将同理心的力量加倍，比如："我可以想象那让你多难过 / 有压力 / 有困难。我在……的时候也会有这样的感觉。"你的目标是达到短暂的相互理解。

- ◦ **询问父母的童年经历**：引出父母的儿时记忆，可以是联结他们真实情感的一个通道。如果你的父母只愿意讲积极开心的往事，那么你可以向他们提问，引导他们说些其他方面的事情。

- ◦ **给父母时间做心理准备**：请试着在交流中放一个小桥梁。你可以对父母说："我看了一些东西，让我对我们的家庭有了不同的看法。如果您有兴趣，我可以找时间跟你说说。"

- ◦ **告诉父母你看过的一篇文章**：你可以直接跟他们谈论一篇关于童年情感忽视的文章。在刚开始谈论这篇文章时，请暂时不要套用在自己身上。请慎重选择一篇文章，如果它包含了一个可能会触动你父母的桥梁，就更有可能成功。

- ◦ **给父母介绍本书**：让他们阅读本书，并且告诉他们，你希望跟他们讨论它。

- ◦ **告诉父母令你烦恼的事**：请告诉他们这些事让你很难与他们见面和聊天。如果这激起了他们的好奇和谈话的意愿，那么请小心前行。如果你的父母真的关心你，也重视你们的关系，只是缺少情绪能力，这个精简的方法就可能是最好的。讽刺的是，这可能也是适用于不易相处的第三种父母的唯一方法。这可能是唯一能被他们听到或者触动到他们的方法。它也可以将你们的关系尖锐化，使得你终于得到解脱，或者仅仅是让他们放开对你的一些限制。

帮助你的父母克服内疚感

当你与父母谈话时，有两个因素会威胁到你们的谈话进程。它们就是内疚感和心理防御机制，而且它们往往相伴而生。你的父母可能马上觉得你在为自己的问题责怪他们，或者立刻感觉自己是失败的父母，从而引起他们的自我防卫或自责。

你需要认识到潜在的责备、内疚和心理防御机制都可能打乱你的计划。你对父母感受的预期，以及对这些情况的即时预防和迅速处理都是很关键的。预防和处理你父母的内疚感的最好方式，就是给予他们很多安慰、理解、认同和感谢。你可以采用积极的接触方式，提醒他们曾经做对的事情，也对其遭遇表示理解。对于父母童年的缺失，你可以抱着同理心地分享你对他们的积极情感。慷慨和明智地表达这些感受，会促使父母留在你身边，倾听你的心声。这些做法可以最大限度地提升你达到目标的概率。

正在痊愈的亲子关系

奥莉芙和她的挣扎型母亲

当奥莉芙和奥斯卡在夫妻咨询中取得成效时，奥莉芙得到了很多对自己的新发现。她认识到了自己在生命中的缺失以及背后的原因。她意识到，她的挣扎型母亲没注意到她的情感需求，而奥莉芙在延续那个模式。她发觉丈夫对待她的方式，与她父母对待她的方式相似。在这些发生时，她一直以为一切都很好，然而事实并非如此。

有一天，奥莉芙打破了与母亲机械重复的常规活动。她周五打电话，邀请母亲周六来吃午餐，而不是和往常一样，在周六早上 11 点钟出现在母亲家。奥莉芙记得几年前，在附近饭店的一次生日午餐，她和母亲简短地谈论了奥莉芙的祖父母。那次私密又有亲密感的对话很不寻常，而且奥莉芙希望再现那次的感觉。

虽然被不期而至的改变打乱了阵脚，奥莉芙的母亲还是愿意赴约的。在饭店里，奥莉芙看到母亲的状态不错。在跟服务员点好菜后，她们都要了一杯白葡萄酒。"这里太好了，"奥莉芙的母亲说，"仿佛是一个特别的场合，但又不是。"

奥莉芙认真准备了她的"桥梁"（与母亲的接触方式），而且她也已经想好要说什么。"我记得上次我们来这家饭店，你跟我说到在外公离家去打仗时，你接替了很多他平时做的家务。"当提起母亲的童年时，奥莉芙打开了通往过去和连接她们的通道。

"哦，是啊，那可真是非同寻常。我们在农场养猪，我也有幸能喂养它们。我跟你说，它们小时候很可爱，但是长大了特别臭！"奥莉芙的母亲笑着说。

"妈妈，我最近在想你的故事。我还想知道外婆是怎样独自应付一个农场和三个孩子的。她会不会因为这些责任感到焦头烂额？没有丈夫在身边，她肯定觉得很孤独。"

奥莉芙母亲的脸上显出心事重重的表情，过了片刻，她又笑着说："是啊，但是最起码她不需要喂猪。这些事是我来做的！"

"那倒是的，"奥莉芙也笑着说，"你真的有那么讨厌喂猪吗？你抱怨过吗？"

"没有。你知道，那时候抱怨不是一个选择。农场上的活太多了，也没有足够的人力。大家只管努力，而且不能拒绝。我们都是那样做的。"

"哇，妈妈，那听起来好像你的整个人生。你从来没有抱怨的条件，对吗？我一直把你当成一个真正的勇士。"

奥莉芙的母亲低头看向她的餐巾，看起来有点不舒服。她不习惯抱怨，也不确定该怎么回应。奥莉芙看到了这些，也想让母亲回归自在。她将谈话从母亲身上暂时引开了。

"外婆会抱怨吗？她看起来筋疲力尽、焦头烂额吗？"

奥莉芙的母亲看起来若有所思，她接着说道："怎么说呢，她从来不抱怨。但是，有一次她四天都没起床。我们那时都是青少年，而且我们忙活着把所有事都做完了。我是最大的孩子，所以我需要每天进屋问她好几次，她有没有准备好起来。然而，她只是翻个身，把枕头蒙在头上，让我不再打扰她。"

"那可能让你觉得很奇怪！你认为是什么出了问题？你崩溃了吗？"

"是啊，我们一开始以为她病了，但是又意识到她没有。然而，过了几天她起来后，所有的事情都回归正常了。现在我回想起来，当你外公在外时，那种情况发生了好几次。我们知道我们需要凑合着过，所以就那样做了。"

奥莉芙对母亲的童年经历感到惊讶，她有些乱了阵脚。不过，她想知道更多。"外婆有没有解释过她为什么在床上待了四天？你们有讨论过吗？"

"哦，当然没有。我们只是很高兴她出来了，而且一切恢复正常，直到她又重新躺在床上，不愿下床。"

"这些听起来很有意思。我希望你可以多说说你童年的事。"奥莉芙望向母亲，在母亲眼里看到了一丝惆怅和悲伤。她觉得这是个机会。"我最近看到一篇文章和一本书，讲的是父母不给孩子解释或者讲述他们有压力的家庭事件有多常见，而且这会怎样影响孩子。"奥莉芙仔细观察母亲的反应——困感混合着好奇和悲伤。

　　"哦，好吧，生活就是这样，而且我也没事，你不认为吗?"

　　"你确实很坚强。像我说的那样，你是一位真正的勇士。"

　　自始至终，奥莉芙在很多地方都做得很好。她为第一次谈话选择了一个小的、可实现的目标：谈话间设身处地为母亲着想。她预期到母亲会继续谈论家务和猪，于是她通过描述行为来掩盖情绪。她没有因为自己的需求而试图把母亲逼得太紧。她将自己和母亲儿时的经历联系到一起，也阐述了母亲所经历的童年情感忽视。她虽然承认了母亲的经历和她的坚强，却没有让母亲不舒服。奥莉芙还使用了比较温和的情绪词语来谈论外婆，比如"筋疲力尽""焦头烂额"，而不是"抑郁"。最后，奥莉芙一直关注着母亲的情绪，用母亲需要的方式进行回应，从而继续这段谈话。

　　对于这段互动，你可能认为这不能让奥莉芙满意。毕竟，她没有机会谈论自己的童年，而且童年情感忽视这个词也没有被提到。你的想法是对的，奥莉芙在饭后感到难过和遗憾，她回家跟奥斯卡说了这件事。

　　不过，这只是奥莉芙和母亲的第一次交谈。在这之后，她们约定每两周在那家饭店一起吃午饭。奥莉芙用那些午饭的时间详细地了解了母亲的经历。最终，她使用了"童年情感忽视"这个词语来描述母亲的经历，而后者也答应看那本书。通过看书，她发现童年情感忽视可以在几代人之间传递。

虽然奥莉芙的母亲从来没有将自己从童年情感忽视中治愈，但是奥莉芙可以看到她在经历更多不同的情感，至少在她们谈话的过程中是这样的。最终，她们谈论到了奥莉芙的童年。有生以来第一次，奥莉芙开始体会到与母亲真实的情感联结。这只有在两个人都真诚地看到并理解彼此时才会出现。

虽然你与挣扎型父母交谈的尝试不一定会这样顺利，但这也没关系。每个人的旅程都是不同的，这类父母和他们的孩子也不相同。然而，如果你跟随奥莉芙的脚步，并且加上很多耐心和对情感的协调性，你可以得到最大化的积极结果。

现在，让我们来看看奥斯卡与他的有心无力型父母的交谈。

奥斯卡和他的有心无力型父母

你可能记得，奥斯卡会使用公式来测定他的情绪值。当他见到父母时，其情绪值为 0。在这个结果的基础上，他不再去家里看望父母，而是在外面见面，也缩短了他们的见面时间。他还请求奥莉芙试着尽量不要将他单独留在他父亲身边。所有这些做法都帮助他抑制了多年来熟悉的空虚感。

这些方法帮助奥斯卡在很长一段时间里维持了他与父母的感情。然而，随着时间的流逝，他看到父母在变老，他又开始为他们的关系感到空虚和悲伤。他的婚姻已经有所好转，从孤独又疏离转变成充满活力、联系紧密。他心里有些希望：趁着还有时间，他想尝试与父母建立情感联结。他未能说服父母举办关于结婚 50 周年的派对。他感到很沮丧，便与奥莉芙讨论了这件事，奥莉芙说："当他们离开的时候，你尝试着接触他们但是失败了，与没有尝试过相比，哪样更让你感到遗憾？"

奥斯卡发现他没什么可失去的了，于是开始制订计划。他考虑了父母双方，发觉他在跟母亲在一起时，那种被压抑的空虚感要比在跟父亲在一起时稍微少一些。他决定先跟母亲单独对话。

考虑到母亲的性格，他知道到她在孙辈身边或者与他们交谈时显得更有活力。他决定，他可以使用孙辈的话题作为连接他们的"桥梁"。几周后，奥斯卡的父亲做了一个膝盖手术，而奥斯卡前往父母家帮忙。当他的父亲在另一个房间睡觉时，他泡了茶，递给母亲一杯，跟她一起坐在沙发上。果不其然，她马上问起了孙辈（辛迪和卡梅伦）的情况。

不同于往常那样令人宽慰但肤浅的回答，那天奥斯卡改变了路子。"虽然他们过得很好，但是奥莉芙和我有点担心他们，其实辛迪还在做零售工作。在 26 岁的年纪，她应该考虑一下自己的事业了。她看起来只能勉强糊口。"

"哦！"奥斯卡的母亲说，看起来有点担心。"好吧，她是个聪明的女孩。她会弄明白的。"她用一种掩盖问题时惯用的语气说道。奥斯卡再次做了不同往常的举动。他忽视了母亲为掩盖问题所做的努力，继续谈论这个问题。

"我从未跟你说过，卡梅伦从初中就开始有恐慌发作的问题。他现在有时候还会有焦虑问题。"奥斯卡停下来观察母亲的反应。他看到她的表情又流露出一丝担心。

"好吧，那是什么意思?"她问道。

在奥斯卡给母亲描述了恐慌发作后，她若有所思地点头。"在你们小时候，我也曾患上恐慌发作，"她解释道，"那太糟糕了。我去看过医生，他们说那可能是因为压力或者别的事情。"她沉思了一会儿，突然说道:"你觉得那是不是家族遗传?我觉得我妈妈也有那种情况。如果卡梅伦是从我这里遗传的，那可怎么办!"

奥斯卡看到了他的机会。"虽然研究表明焦虑是会家族遗传的，但我还看了一篇关于其他原因的文章。当我跟奥莉芙试图帮助卡梅伦的时候，我们看了很多资料，而且发现我们在养育辛迪和卡梅伦的过程中可能犯了一些错误，加剧了他们现在的问题。"他观察母亲的表情，她看起来有些困惑，而且不知道该说什么。他决定再向前推进一步。

"我说的这篇文章提到，家庭成员之间常常回避深入的交流，并且不够注意每个人的感受。无论你是否相信，这会让孩子更容易抑郁或者焦虑。"

"啊……哦……嗯……我不知道，我不太明白。"奥斯卡的母亲结结巴巴地说。

"哦，那没关系，妈妈。我知道这听起来很怪。这么说吧，我会把这篇文章用邮件发给你，然后你再跟我说，它是否有道理。好吗？"

这个话题的结束似乎使她松了口气，奥斯卡的母亲说："好吧，我肯定会读的，没问题。"

奥斯卡在第一次与母亲的交谈的尝试中得到了很多。他与她分享了一个很私人且真实的话题；他得到了一些关于母亲过去和现在的信息；他还在没有直说的情况下，大概介绍了童年情感忽视的概念。另外，他的母亲同意去阅读一篇与其焦虑有关的、解释童年情感忽视的文章。

在奥斯卡的母亲看过那篇文章后，立刻给他打了电话。她讲述了一件童年的痛苦事件，而这个事件从未被其父母提起或帮助到她。奥斯卡对母亲的经历报以同情。在几次困难的交谈后，他与母亲分享了自己与父母的经历。奥斯卡安慰她，而且帮助她克服了内疚感；她承认自己对奥斯卡情感上的忽视，而且知道这如何影响了他。她看了一些关于童年情感忽视的资料，并且说服奥斯卡的父亲也去阅读它们。

奥斯卡的父亲从未接触过童年情感忽视，但是随着妻子的改变，他看起来变得更有情绪意识了。幸运的是，奥斯卡与母亲的关系有了彻底的改变，就像奥莉芙和其母亲那样。现在他们都期待去看奥斯卡的父母，而且不认为需要去刻意安排或者缩短与他们相处的时间。他们的谈话变得更加开放而有意义，他们不仅会讨论孙辈的问题，还会讨论他们过去和当前的问题和困境。

到目前为止，我们看到了子女与有心无力型父母和挣扎型父母谈话的例子。如你所见，即使是面对有心无力型父母和挣扎型父母，你也通常需要很多关怀、耐心和协调度，才能获得成功。然而，当你拥有专注自我型父母时，一切都不同了。

梅和她的专注自我型父母

我上次与梅联系时，她已经拒绝了母亲的感恩节晚餐邀请，而且经历了母亲几个月没有打电话的报复。梅因为与父母设立边界而感到内疚，不过也是通过那段经历，她有机会处理好了那些感受。然而，当她尝试继续设定边界时，却发现这个举动耗尽了她作为健康的母亲、体贴的妻子和称职的律师的所有能量。她可以预见接下来几十年的痛苦和耗费精力的拉扯、设定边界和报复。她发现，自己需要做些什么来从实质上改变她与父母的关系。

因为梅的母亲是既专注自我，又有报复心，所以任何挑战到母亲权威的想法都会令梅惊慌。她决定与我商议，以取得一些专业意见和支持。我们和马歇尔一起制订了一个计划。

梅考虑到，虽然她的母亲是个特别专注自我的人，但是她的父亲更加随和，而且不那么刁难她。有时候他的眼神看起来甚至是支持梅的，只是他从来不为她发声辩护。梅知道，与父亲谈论童年情感忽视不会有任何作用，因为他不可能站起来反对她的母亲。她认为最好的方式是将他们作为整体来对待，与他们一起谈话。

当我跟梅讨论这个的时候，我警告她："你的目标不可以是想跟这样的父母建立情感联结。"梅的目标应该是向她的父母解释自己鲜少与他们相处的原因。只有建立真正的边界和空间，她才有可能用自己的方式生活，否则她会陷入由父母带来的痛苦和自责，并且在这个无限循环中生活下去。

梅扭转了局势。她打电话邀请父母在周日下午来她家。"我想跟你们单独聊一些事。"她告诉他们。在几个月的疏离过后，梅的父母很高兴被邀请到女儿的家里，所以他们很快同意了。

当梅的父母到她家时，他们表现得很好。在他们的女儿设立边界后，他们的态度有所收敛。他们都给了她不常见的拥抱，而且在喝咖啡的时候，梅的母亲几乎没说尖锐的话，也没有试图批评或者控制梅。这使梅更难与她的父母交谈（她开始为可能带给他们的伤害感到内疚，而且怀疑是否有必要这样做），但是她知道自己必须坚持这样做。在听到母亲没完没了地谈论她在镇委员会的重要职务之后，梅说："爸妈，我想跟你们说点事。"梅的母亲停止说话并看向梅，她的好奇心超过了她当下需要的关注。

　　马歇尔坐在妻子的身边，并且握住她的手。他知道梅接下来要说的话对她来说很困难，他也想明确地向梅及其父母表示他对梅的支持。他看到梅深吸一口气，于是他默默为她打气，等待着她开始。

　　"爸妈，我知道最近我们之间有些问题，"梅说，"我们今年与你们在一起的时间比去年更少了。我知道你们心里不太好受，这也让我很难受，所以我想解释一下为什么会这样。"

　　梅的话戳中了父母的心事，这使他们想要继续听下去。梅分别看了看她的父母：在他们等待她继续时，父亲睁大的眼里流露着脆弱，母亲睁大的双眼透露着渴望。"妈，你为我和马歇尔做了很多事，特别是对孩子们。然而，每当我跟你在一起时，我就会感到很受伤。因为我常常要承受很大的痛苦，而这种痛苦已经到了一个临界点，所以我需要给自己一些空间，并且花更少时间与你在一起。我知道那会伤害到你的感情，所以我想向你解释。"

　　梅看向她的父母，她的父亲看起来很惭愧，而她的母亲看起来处于防御和愤怒的状态。她支撑着自己来面对她预计会发生的事。

　　"你太敏感了，"梅的母亲气愤地说，"你小的时候就这样。我无法相信！带你度过愉快的假期、帮你带孩子，以及我为你做的那些事都不足以赢得你的爱。如果说我不能成为你的'完美妈妈'，那我很抱歉。可是我已经尽力了，而且我认为，那已经是一个人可以向母亲索要的极限了！"此时此刻，梅的母亲被"正义"的泪水淹没，而她的父亲则看向地板。

"我很抱歉伤害了你，妈妈。其实，这不是关于爱的问题。我当然爱你，只是我无法继续让自己受伤了。这对我不好。如果你想让我举一些例子，或者想了解你做的事是怎么伤害我的，我很愿意告诉你。但现在，因为你的心情很不好，我们可以先聊到这里。"

马歇尔等了一段时间，想看看梅的母亲是否对如何伤害到梅表现出一些好奇，但他什么都没看到。他站起来说："咱们的孩子去哪了？我去叫他们回来，咱们一起吃点饼干吧。"梅也站了起来，用感激和欣慰的目光看向马歇尔，用餐巾纸擦了擦泪，跟他去了厨房。

我敢打赌，现在你可能不会认为梅与父母的互动是成功的。事实上，梅取得了巨大的成功。虽然她跟奥莉芙和奥斯卡的谈话方式完全不同，但是这次谈话改变了梅的一切。

让我们了解一下梅在这次谈话中做对了什么。她先选择了一个有挑战性但是可以完成的目标：向父母表达了他们之间的互动带给她的痛苦，而且解释了这是她最近疏离他们的原因。除了选择一个理性的目标，她还邀请父母来到自己家，使他们感到被需要，而且使用了一个最容易被他们接受的方式。

当你被专注自我型父母追赶、抑制或者控制的时候，主动面对他们可以很好地打破你们的关系平衡。当专注自我型或者控制型的父母自乱阵脚时，他们可能会短时间内变得宽容大度、平易近人，梅正是希望如此。不过如你所见，这并没有让梅说出她需要说的话。

在这次交流过后，梅与她父母的关系发生了细微而重要的改变。她父母的性格当然没有改变。然而，他们与女儿的互动方式明显改变了。梅的母亲不像以前那样强迫她参与聚会了，也不再因为梅不花时间跟他们在一起而使劲羞辱她了。然而，最重要的改变发生在梅的心里。她因为可以用成年人的方式面对父母而感到强大。她因为自己的诚实而感到自由。她觉得，她做到了在成年人的关系中她应该做的那部分，她也不再为父母的感受、反应和需求负责。现在该由他们做决定了。

虽然这些都很有用，但是它并没有解决梅和父母的问题。他们之间还有很多严重的、持续的问题和矛盾。这些问题指引着我们来到下一个话题。

当你与父母沟通无果时

不是所有父母都像梅的父母那么难以沟通。你的父母可能很亲切。他们虽然没有能力讨论任何有意义的话题，却不那么有控制欲，也不爱指责你。难以沟通的父母可能只是情感上比较脆弱，或者对童年情感忽视这个话题有愤怒情绪。他们也可能疏远你，或者已经过世了。

不论原因如何，因为无法在心理上接触到你的父母，你只能独自应对这些影响。你可能独自一人，感到空虚。无论你的父母是否健在，你都可能感到要宽恕父母的压力。你可能发现自己继续希望或者盼望拥有其他类型的父母。

留给你的空虚感

你以为只有当曾经忽视过你的父母带给你温暖时，你的内心才会不再空虚。这是很自然的想法。事实上，虽然直接修复关系的方式是存在的，但其他的方式也可能会有效，甚至可能会更好。如果你已经理解情感忽视是怎么起作用的，你应该知道你的空虚感一部分源自被你推开的情感。

恢复、重视和倾听你的情感的整个过程，是填补你空虚感的一个关键方式。填补空虚感的另一个关键方式，在于开始打开保护自己的心墙。这是你童年的产物，你儿时的情绪和情感需求不被父母所接受，所以你需要心墙让自己远离情绪的侵扰。现在，你已经是一个成年人，你不再需要那堵墙了。你周围的人愿意用爱来填补你的空虚，他们时刻温暖和关心着你。他们可能是你的伴侣、你的兄弟姐妹、你的表亲、你的同事或者朋友。你需要尽全力让这些人进来，而且你还要去寻找更多的人。要想做到这些，你需要跳出自己的圈子，去认识更多人，寻找那些值得信任的人，以及那些与你产生共鸣的人。然

后，你开始与他们培养那些感情。请务必关注人际交往的质量
而非数量，因为只有深切的感情才能填满你的内心。

来自宽恕的压力

放眼望去，到处都有人在谈论或者书写"宽恕"这个话题。
这常常被吹捧为所有被伤害过的人需要的答案。"宽恕你的父
母，否则你会变得苦大仇深。"你会听到别人这样说。你对父
母复杂而痛苦的感受，可能会被那些接受这个简单观念的人称
作"怨恨"。

当一个人没有意识到他是如何伤害你的，也没有道歉或者
试图弥补时，你很难宽恕他。我希望你不需要被这个期望或者
任何人片面的建议所束缚。我希望你可以通过真实的方式尊重
你的感情，花精力应对这些情绪并超越它们。

如果你的父母已经为弥补你们的关系做得足够多了，那么你
自然会在一定程度上宽恕他们。如果你需要为宽恕他们而付出努
力，那么这标志着你需要让他们付出更多。如果你的父母做得
还不够，那么宽恕他们不是问题所在。我建议你将你的时间和能
量用在应对而不是宽恕上，我也会给你很多关于这方面的帮助。

许愿能更换父母

如果"更换父母"是你的愿望，那么我保证这个世界上还

有千千万万跟你际遇相似的人。事实上，你的所有感受都是正常的，我频繁地听到这样的愿望，以至于我已经将它看作人类境况的一部分——不只是你有这种感觉！

虽然我希望我能通过告诉你些什么来帮你取消这个愿望，但我相信这个愿望固执地深埋于我们的人性之中，即使你的意识清醒地知道，这个愿望是徒劳无功的。我希望帮助你应对它，而不是试图帮你抹去它。在这一点上，我可以给你三个建议：接受你的愿望，将它看作你人性的一部分；知道很多人跟你一样都有这个愿望；不要因为这个愿望，使你更容易被父母伤害。

我看到很多人被这个潜意识中的愿望所控制，因此将自己暴露在父母的情感伤害下。"如果我……那么可能我的父亲最终会看到我的内心。"意识到你的自然愿望，并且知道你必须用你的意识去应对它，会使得你不那么容易受伤。

内疚和恐惧自私

你的内疚（一种做错事的痛苦感觉）与那些没有遭遇过童年情感忽视的人的内疚不同。为什么？因为你对自私的恐惧让你感到内疚。这种情况常见于遭遇过童年情感忽视的人群中。你倾向于过分关注他人的需求，使得你更容易感到内疚。你的内疚感会阻碍你与父母设立边界和保护你自己。另外，还有千千万万的人都相信，每个人都应该爱他们的父母。我向你保证，你可能是这个世界上最不应该感到内疚的人。

　　你怎样才能采取措施与你的父母设立边界，对他们说"不"，或者在你觉得事情不对劲时，勇敢地面对他们呢？对于遭遇过童年情感忽视的人来说，内疚是通往幸福的最大障碍。

　　考虑到所有的因素，我想要提醒你，你的责任在于从父母那里保护你自己。在做决定时（花多少时间与他们在一起，分享多少物质财富，表现出多少脆弱感），请将注意力集中到你自己的需求上。如果只是出于其他人告诉你应该如此，你便虚构不存在的温暖和爱意，那会对你的情感力量和情绪健康大有损害。在这段关系中，我百分之百确定：你需要把自己放在第一位。

哀悼

　　如果你不能允许自己哀悼那个你永远不会拥有的东西，这对你来说会是一个巨大的心理障碍。当你最终明白你的父母永远不会像他们应该的那样理解和关爱你时，你会感到非常痛苦。为了使用我们谈论到的技巧，你必须做一些哀悼行为，允许自己去感受悲伤和疼痛，允许自己哭泣。你甚至可能在经历一个比死亡还要大的悲痛。对于情感上无法沟通的父母，子女在他们活着的时候就做了哀悼，所以在父母离去时，子女已经没有眼泪了。

　　哀悼的好处在于，只要你允许自己经历这个过程，它不会是一个永久的状态。这个过程包括感受它，用你的大脑处理它，还有与关心你的人谈论它。让一个咨询师、信任的伴侣或者朋友与你一起经历你的哀悼，促使你继续前进。

应对措施

应对你的父母是你人生的一个巨大的挑战，这真是一件令人悲伤的事。比这更悲伤的是，这个挑战将你打倒了，使你觉得自己不够好，并且侵蚀了你的自尊心。它会阻止你成长，阻止你去面对其他有益挑战。这是我最不愿意看到的，也是你最不希望发生的。

在上文中，我们讨论过了保护自己的技巧。除此以外，我还想在这里分享几个为你专门定制的方法（前提是你无法与父母进行有效沟通）。

第一，专注于做你自己。无论是与父母在一起，还是在经历自己的生活时，请把特别的关注放在做你自己，停止隐藏你自己，让你的父母和其他人看到真实的你。当你看到这里时，虽然你可能没有意识到你在隐藏自己，但是我敢打赌你有这样做。你在父母和其他人面前隐藏自己，因为你没有觉得自己在儿时的家里被足够接受。你更能忍受下面的哪种行为：为了不惹恼你的家人而掩盖你的锋芒，还是冒着尴尬的反应、冲突甚至拒绝，来展现你真实的自己？

不同的人有不同的答案。这里不存在一个"正确"的答案。

在你的特殊情况里，与你独特的父母在一起，隐藏你自己或表明你的态度，哪个会更好？我希望你可以定期重温这个问题，因为你的答案可能会改变。

如果你的父母曾经虐待你，或者你害怕让自己显得自私，或者你的内疚和责任感（乃至以上所有原因）让你无法与他们设立边界，那么让他们看到真实的你可以是一个扭转局势的方法。就像梅做的那样，让他们知道你的价值观、感受、需求和成就。当决定权到了他们那边，他们会发觉与你相处没有那么多好处。像梅的父母那样，他们可能变得没那么苛刻。遭遇过童年情感忽视的人很容易接受别人的拒绝，而且很难拒绝别人。他们通过内疚来安慰自我。

第二，表现得亲切。无论你是决定在父母面前更显眼，还是愿意保持低调，你都可以采取一个简单直接的应对方法。几乎所有人都可以使用这个方法，它可以有效地让你与父母建立和保持边界。这个方法就是表现得亲切。在你见到父母之前，带上你亲切的一面，使你能够用一种和蔼、非对抗、保护自己的方式与父母交流。"是的，谢谢。""很好，你怎么样？""我能来杯咖啡吗？""你们居委会的会议怎么样了？"对于遭遇过童年情感忽视的父母来说，这些亲切的语句就好像爱一样。然而，说出这些话对你来说几乎不费事。

在我们到达最后一个技巧之前，让我就虐待的重大影响再多说一句。虐待孩子的父母是一个特殊的类别。如果你难以保护自己免受父母的虐待，请去寻找咨询师的帮助。这是遭遇过童年情感忽视的成年人所能面对的最困难的情况，而且如果你允许它发生，这可能会毁掉你。我希望你能找到一位有执业资格的咨询师来帮助你，同你一起制订计划，让你可以防止父母破坏你的生活。

第三，让爱传递。现在，这个最后的技巧也是很重要的。它很有力量，而且能启示你生活中的方方面面。不要将你的负能量还给父母，而是将你所有的挫败、愤怒、失望、内疚、空虚和哀悼都化作正能量，并且将它引导到你的未来，乃至你的下一代。

你可以通过改变对待下一代的方式，补偿你对父母的亏欠感。你的成长已经超越了你的父母。请反抗那些使你情绪低落并且抑制你的力量，冲破你的心墙，感受你的情绪，承认你的错误，向你关心的人表达你的同理心，并且冒着风险去深爱吧！请跟随你的内心，相信你自己，并且让别人听到你的声音。请尽你最大的努力让你的孩子得到你从未拥有过的一切，做你自己，而且知道你已经足够好。

这个方法可以填满你的空虚感并且治愈你。这是你尊敬父母的方式，而且这是对他们曾经给予你生命的最崇高的敬意。

第三部分

童年情感忽视和你的孩子

第 10 章

情感被忽视的孩子

当你透过童年情感忽视的视角来看你自己、你的童年、你的关系，还有你的孩子时，你可能感到地球在你脚下颤动。

遭遇过情感忽视的儿童

梅、马歇尔、玛莎（6 岁）

不可否认，6 岁的玛莎很可爱。一头披肩的乌木色长发，加上一对闪闪发光的杏眼，让她充满了生机与活力。玛莎是梅和马歇尔的第二个孩子，活泼好动的她让梅和马歇尔一刻也停不下来，从未让家里有过一分钟的平静。

虽然梅和马歇尔喜欢玛莎的活力和精神，但是他们必须承认，玛莎有时候会让人筋疲力尽。玛莎的哥哥迈克尔（11 岁）比玛莎安静、冷静。马歇尔觉得女儿充满活力、迷人又容易沟通，梅则常常被这个小家伙弄得喘不过气。马歇尔将玛莎的活力比作她的"火花"，而梅觉得这种活力很有"强度"。

马歇尔和梅都对孩子强烈的情绪感到担心。当玛莎开心的时候，她好像散发着令人愉快又充满创造力的快乐之光。然而当她不开心的时候，她的情绪会瞬间发生转变。刚刚玛莎还只是皱一下眉头，一转眼就变成大哭大闹了。

马歇尔上班时间很长，而且一个月中有几周去出差，所以他很少经历到女儿的"火花"。在情感上被母亲虐待和忽视的梅则需要独自与女儿强烈的情绪表现做斗争。

梅完全不知道如何处理女儿强烈的情绪。当玛莎 3 岁时，梅试图让她罚站。然而那只能让玛莎的叫喊升级，使情况变得更糟。当玛莎年龄大些时，梅试着跟她讲道理，但是那似乎也没什么用。梅也尝试过忽视玛莎的情绪冲动，结果一样徒劳无功。

有意思的是，当马歇尔不在的时候，玛莎的反应总是更丰富和激烈。更有趣的是，她在学校时从来没有这样的问题。玛莎的老师说，她在学校是个非常乖巧、聪明而且受欢迎的学生。

梅和马歇尔已经毫无办法了。玛莎成长到现在仍没有改掉她的情感冲动，这使他们很担心。

直到有一天，马歇尔读到《被忽视的孩子：如何克服童年的情感忽视》。

你可能还记得，马歇尔一开始拿起那本书的目的是，理解为什么他总是觉得自己在婚姻中有深深的缺失感。他一直相信自己和梅是很棒的父母。他看到了妻子对孩子的爱和奉献。梅将繁忙的法律工作之外的一切都献给了孩子。虽然梅很少谈论这些，但是马歇尔看到梅在养育孩子时，小心地避开她母亲那种控制和情感虐待式的养育方式。当他阅读那本书时，他开始透过童年情感忽视的观点看他的妻子和婚姻，也包括他的孩子。

现在，马歇尔开始疑惑，他们跟女儿玛莎的问题是否与梅的童年还有他们夫妻关系中的缺失感有关系。

人们一般就是这样发现童年情感忽视问题的。一开始，它出现在你生活中最明显的方面。然后，在更多地了解了它的广度和深度后，你会在生活的不同层面看到它。对马歇尔来说，最难过的莫过于在孩子们身上看到童年情感忽视的问题。他知道自己和梅为孩子们做了那么多美好的事，也知道他们有多爱孩子们。然而，他看不到亲子关系中的缺失，那就是没有给予玛莎（一个敏感的孩子）足够的情感回应和情感觉察，从而难以帮助玛莎学到能让她茁壮成长的情感技巧。

如你所见，幸运的是，马歇尔的发现为他的孩子们带来了希望——童年情感忽视是可以治愈的。

遭遇过情感忽视的青少年

奥莉芙、奥斯卡、卡梅伦（17 岁）

大约在奥斯卡与母亲谈论童年情感忽视的一年前，他和奥莉芙一起坐在家里的客厅认真地谈话。他们接到了来自儿子卡梅伦学校的电话。

那天早晨，卡梅伦（11 年级）的历史老师打电话告诉奥莉芙，卡梅伦最近在学校遇到了一些困难。"卡梅伦看起来不像以前跟朋友关系那么亲近了，"他的老师说，"他以前一直会跟不同的朋友一起吃饭，不过我看到他最近总是一个人吃午饭。我观察到他最近有些不一样，当发现他今天不在班里时，我就去找他了。"

结果这位老师在男厕所找到了卡梅伦，他出现了换气过度的症状。老师花了10分钟的时间帮卡梅伦平复呼吸，之后带他到学校的卫生室。"虽然他之后回到了教室，但是他似乎很难为情。他拒绝跟我或者护士谈论到底发生了什么，或者他感觉怎么样。我们想你应该需要知道这些。"老师说。

在奥莉芙告诉奥斯卡这段谈话之后，他们都悲伤又无力地靠在了椅子上。他们正忙于解决婚姻问题，进行婚姻咨询，以求改变他们的婚姻质量和他们对自我的看法。卡梅伦曾经有过几次从朋友圈中消失以及"压力过大"的状况。但这是卡梅伦的父母第一次对情绪作用有了深刻的了解，这是他们第一次可以真正理解自己儿子所经历的事。

过去，当卡梅伦经历挣扎时，奥莉芙和奥斯卡认为他又累又紧张，而且无力招架学业的压力。他们以为卡梅伦是因为承担的太多了，于是要求他早些睡觉。虽然卡梅伦经历了一些困难的时期，但他总能在几天后振作起来。然而，现在情况变得严重了。这是老师第一次因为他换气过度的症状打电话，这给奥斯卡和奥莉芙敲响了警钟。

在上周的婚姻咨询里，我们谈论了卡梅伦。我已经很了解奥斯卡和奥莉芙，我还知道他们都是关爱孩子的父母。我也能迅速从童年情感忽视的角度，看到卡梅伦经历的焦虑发作以及这背后的原因。然而，在我继续讨论"为什么"和"怎么做"之前，我需要帮助奥斯卡和奥莉芙摆脱痛苦与自责的情绪。

奥斯卡被迫比奥莉芙先直面生活中的情绪（在他得癌症的恐慌期间），他已经花了一段时间用新视角看他的儿子。奥斯卡回忆了孩子们对他的癌症手术和治疗的反应，并且意识到自己和奥莉芙没有以辛迪和卡梅伦需要的方式来讨论这些。虽然他们分享了疾病的事实和事件本身，并且随时让孩子们了解奥斯卡的健康状况，但是他们没有以实质性的方式表达感受。奥莉芙和奥斯卡在家详细讨论过卡梅伦的焦虑发作之后，才跟我谈论这些。他们因为没能更好地照顾孩子，所以感到了身上的重担和自责。

"他这样受罪是因为我们。"奥莉芙说。泪流满面的他们意识到了一些事，这种情况在他们了解童年情感忽视后常有发生。他们说辛迪在学走路的时候就已经特别独立了。在青少年阶段，她很少需要父母的帮助和支持，而且他们对她也采取了放养的教育方式。不出所料，在奥斯卡的癌症治疗过程中，辛迪表现得很独立。辛迪当然担心父亲的病情，但是她看起来很坚强，而且能够应对自如。

卡梅伦看起来处境艰难得多。当奥莉芙告诉他关于奥斯卡病情的新状况时，他常常眼泪汪汪。在那些时候，奥莉芙认为最好的办法是安慰他，告诉他一切都会好的，他的爸爸会没事的（这跟她对奥斯卡的方式一样）。这貌似有效果，因为看起来卡梅伦总是能情绪恢复如常，点头表示他知道会没事的。在整段经历中筋疲力尽又极度恐慌的奥莉芙，为孩子们的坚强感到放心。

虽然奥莉芙是一位关爱孩子的母亲，但是从童年情感忽视的角度出发，她和奥斯卡在养育孩子的时候，没有足够关注他们的性格、反应以及日常生活背后的情绪。

遭遇过童年情感忽视的成年子女

奥斯卡、奥莉芙、辛迪（26岁）

多年以来，奥斯卡和奥莉芙发现辛迪会拒绝接听他们的电话，还会故意错过与他们相处的机会。当他们见到辛迪时，她会因为小事而莫名其妙地生气。在高中，他们以为她的回避和易怒是正常的青少年行为，但是在大学，她继续这样朝他们发火。他们还注意到，当其他学生回家跟家人过假期时，辛迪常常选择留校。他们一直将这看作辛迪的"独立性"，而且将她不需要回家看作坚强的标志。他们有时候会谈论女儿，为辛迪的独立而骄傲，却没意识到自己有时也会感到难过。

　　辛迪拥有商学学士学位，商科这个专业是她在 11 年级时的绝望选择。她的大学要求她选择专业，而辛迪完全不知道她想学什么。辛迪的父母对她选择商科感到诧异，但是当他们询问她时，她表现得很不耐烦。所以，奥莉芙和奥斯卡放弃了追问。

　　现在，26 岁的辛迪已经大学毕业好几年了。她住在罗德岛的普罗维登斯市，距离她父母在波士顿的家有一个半小时的车程。她与几个舍友合租，在一个首饰店做销售。大学毕业后，她已经在那里工作三年了。她被晋升为店里的夜班经理，而且似乎很喜欢这份工作。然而，她的父母担心这不是一个好的职业道路，怕辛迪没有充分利用她的学士学位。

　　当奥莉芙和奥斯卡尝试从童年情感忽视的角度看待子女时，他们开始用更深刻的方式去理解他们与辛迪之间的关系。他们开始怀疑：她对他们发火是否标志着内心对他们深藏的愤怒？她极端的独立性是否也存在问题？他们意识到辛迪没有跟他们见面或者互动的需求，他们也发觉即使跟辛迪在一起，他们也无法深入交谈。

　　"辛迪，你的工作怎么样了？"奥斯卡会问。"很好。"辛迪会回答。他们的对话很容易预测又很生硬，而这带来的结果是：奥斯卡和奥莉芙并不了解辛迪真实的生活到底是怎样

的。他们看到，辛迪跟他们的关系中带上了他们和自己父母
的关系中那种极为相似的标记。他们开始看到与女儿重新建
立情感联结的一丝希望。最终，他们知道出了什么差错，以
及为什么会这样。现在，他们需要做的是管理他们在这个情
况下的情绪反应，并且弄明白要做些什么。

当你从童年情感忽视的视角来看你自己、你的童年、你的
关系，还有你的孩子时，你可能感到地球在你脚下颤动。然
而，透过"父母的视角"去领悟最是沉重。通过这个视角看过
去，你可能会面对很多使你受挫的现实。这确实发生在了奥斯
卡和奥莉芙身上，并且持续了一段时间。卡梅伦在学校发生的
事并不是一切的开始，而只是让他们开始跟我公开讨论这件事
的催化剂。这迫使他们体会到一种从未有过的感受。

像你和我很容易看到的那样，奥斯卡和奥莉芙爱他们的孩
子，也想给他们最好的一切。他们动用了一切力量，最大限度
地保障了孩子的生活。虽然我们理解他们的痛苦和内疚，但这
种情绪是没有必要的。如果任凭这些感受控制他们，他们可能
会偏离正轨。我们以后会讨论奥斯卡和奥莉芙的后续故事。现
在，让我们先讨论你作为父亲或母亲的感受。

第 11 章

遭遇过童年情感忽视的父母的典型特征

像不断送出的礼物一样，童年情感忽视会自动地
从一代传到下一代。

在开始讨论如何解决你的育儿问题前，我想让你更好地理解你自己，以及你的养育方式。你可能会问：这有什么关系？你可能迫切地需要立刻解决问题。与你孩子的重要性相比，你的感受可能是第二位的。因为遭遇过童年情感忽视，你很可能忍不住将这一章都略去不看。

对于这些，我想说："想都不要想。"

我不允许你这样对待自己，仿佛你的情绪根本不重要。另外，你现在可能已经发觉，改变你的行为比觉察你的感受要容易许多。

当你的父母有情感上的盲点时，会发生什么事呢？答案是：他们在养育你的时候，忽视了你的某些情感需求。这自然导致了你在长大后也无视自己的情绪。这种对情感的无视会传递下去。像不断送出的礼物一样，童年情感忽视会自动地从一代传到下一代。

是的，这的确是自动的。你的父母未能留意或者回应你的感受，或者没能看到或顺应你的本性。在这种情况下，他们不经意地使你也无法觉察自己在养育孩子时的感受。不过请相信我，你在养育孩子时有很多感受。你可能意识到了一部分感受，你也可能在为其中的一些感受而感到内疚。

你有没有想过，你作为父亲或母亲的那些感受是否属于正常感受？你在读有关育儿的文章时，有没有发现作者并没有写出你育儿的问题和困难？如果是这样，可能是因为那些文章没有考虑到你在童年"没有得到的东西"对你造成的巨大影响。

你可能知道，童年情感忽视的影响具有十个典型特征。你可能已经考虑过这十个典型特征对你生活的影响，如果是这样，那会对你的生活很有帮助。如果你还没有考虑过，那也没关系，你现在也可以在育儿经历中考虑并应用它们。

现在，让我们深入了解一下童年情感忽视的十个典型特征，以及如何将它们与你为人父母过程中所出现的感受相结合，以解决问题。下面列出的十个典型特征，可能一部分能够引起你的共鸣，而另一些则未必。请关注你在阅读时的感受，因为当下的感受会告诉你，哪些经历对你来说是真实而有意义的。请记住，你将要阅读的有些内容可能会引起不适。为了帮助你处理阅读不适的问题，让我给你几个小贴士。

小贴士

○ 你无法选择自己的感受。它们是你生命体的一部分，也是过去和现在处境的产物。

○ 感受不受制于道德判断。正确和错误的概念不适用于感受。永远不要因为你的感受去评判自己。

○ 觉知和接受你的感受是很关键的。觉知你的感受当然很重要。同时，即使你不喜欢自己的感受，你也必须接受它。这是管理情绪的第一步。

○ 你应该勇敢地表达感受。很多人对于他们作为父母的角色，以及在面对自己的孩子时，有种不舒服的感觉。他们很少在外面表达这些感受，因为他们害怕别人会评判他们。永远不要让自己因为表达感受而感到惭愧，有许许多多像你一样关爱孩子的父母都有类似的经历。

十个典型特征

1. 反依赖

你对于依赖他人感到极度恐惧。你的恐惧是在儿时就建立起来的。当你还是个需要别人帮助的孩子时，没有人给你足够的关注。所以，你在潜意识里学习到依靠别人是不好的、丢脸的事情。你还学到：如果期待别人的帮助，那么你最终会失望而归。

在观察别人的父母时，你有没有为他们能坦然面对孩子的需求而感到困惑不解？有的父母看上去甚至很享受。如果你的父母没能回应你小时候的需求，在你眼里，那些父母的表现可能是不可思议的。

作为家长，你在面对亲子关系中自然的依赖现象时，可能因为"反依赖"的潜意识而觉得不舒服。童年时的需求受到了挫败，而现在在你的身边又出现了一个需求很多的小家伙等着你去满足他。在深层的潜意识里，你可能会感到这是个不公平的约束。既然现在我们在公开地谈论这些，那么我向你保证，你的感受是在情理之中的。你确实是在一个不公平的约束之中。此外，社会也告诉你（社会对家长育儿过程中负面情绪的偏见），你的感受不是一位家长应该有的正常感受。

在这个束缚之外，对依赖他人的恐惧感，使你很难去寻求或者接受帮助。所有的父母都有焦头烂额和筋疲力尽的时候，也需要他人的支持和帮助。如果依赖其他照顾者使你感到脆弱、软弱或者内疚，那么你会发现自己在勉强支撑的处境里寸步难行。

小结：反依赖的潜意识让你感到不公平、不适、内疚、羞愧，感觉被掏空，陷入困境，勉强支撑生活。

2. 缺乏自我同情

你缺乏自我同情，你的抗挫力较弱，你无法理解和同情自己的困难，对自己过于苛求。在你的孩提时代，如果父母对你没有足够的同理心，那么你无法学习到如何培养对待自己的同理心。你成了对自己最严厉的批评者。然后，在为人父母、面对这个世界上最难的工作时，你会体验到对自己异常苛刻的批评。

在你的脑海里，是不是有一个微弱的声音在跟你说，你还不是个足够好的父亲或母亲，你不如别人的父母付出得多，你不够关心孩子，对孩子的感情不够强烈，你为孩子做得不够多？你是否不论有什么阻碍，都要求自己成为完美的父亲或母亲？当把自己放在孩子的需求之前时，你是否会感到内疚？缺乏自我同情肯定会让你觉得不能胜任父母的角色。

小结：当你缺乏自我同情时，你会感到内疚，觉得自己自私，不能胜任父母的角色，应该受到他人的批判。

3. 空虚感

你深深地感到缺失了什么。你可能感觉麻木、缺乏情绪，或者空虚。当你还是个孩子的时候，为了不让自己的情绪影响你童年的家庭，你用心墙阻挡了你的感受。现在作为成年人，你的生活中缺乏与自身情感世界的沟通。这让你的内心感到一种深深的缺失感。

作为家长，你当然应该爱你的孩子。你应该对他们有着深切的关怀，你还知道这些感受在你的心里。然而，你并不能像其他父母那样一直感受到这些。一方面，你在童年留下的空虚感可能会被孩子的情绪、活力和感染力填补。另一方面，他们也可能使你更加意识到那些你缺少的东西。

你可能经历过这样的时刻：当你试图给予你的孩子一些情感时，却发现了自己的不足。在那时，你可能会有一瞬间的匮乏感，而且这令你深感不安。

小结：空虚感让你想要付出，却无能为力，你感到不安、惭愧、难过、筋疲力尽。

4. 不能准确评估自我

你对自我缺乏具体、真实、客观的了解。在父母的关注和观察下，每个孩子都会对自我有一个清晰的认识。当你是个孩子的时候，你从父母眼中看到自己的倒影，从而了解你自己。当你的父母将你看作一个善良敏感的孩子时，你也会这样理解自己。当你的父母断定你很容易尴尬时，你也会这样认为。当你的父母意识到你是个什么样的人（严肃、阳光、害羞、亲切、容易分心、充满活力、可靠、忠诚、大方、喜爱足球、不喜欢跑步等）时，你也会意识到自己的这些特点。

在成长过程中，当你在父母眼中看到一个不合适、不清楚或者不准确的倒影时，你没有机会去知道自己究竟是谁。这样一来，你会在缺乏对自己真实本性的认识中奋斗一生。这会影响你生活的方方面面，从选择职业，决定去哪里生活，到选择人生伴侣。

作为家长，你会像难以理解和了解自己那样，难以理解和了解自己的孩子。你可能难以理解孩子的真实自我（长处、短处、喜好、癖性、性情和需要）。

小结：当你不能准确评估自我时，你会感到迷失、困惑，跟你的孩子产生距离感，被你的孩子搞糊涂。

5. 内疚和羞愧

你是否常常感到内疚和羞愧？在你的孩提时代，你基本上自力更生（至少在情感方面）。在缺乏父母的投入和情感教育的情况下，你发展出了自己"内在父母"的声音。你"内在父母"的声音可能听起来有点简单，因为它是你儿时所臆想出来的。在你"内在父母"的眼里，你做的事要么对，要么错。你要么是个好家长，要么是个坏家长。你缺少一个清晰客观的成年人的声音，让你通过同理心去看问题，同时具备情绪的复杂性。你的状况对教育孩子无益。

作为家长，当你意识到一个小小的失误时（每个家长都会有这样的时候），你会发现自己无法理清头绪来理解它，而是直接走向了羞愧感。实际上，你可能最终会为育儿的每个失误和每次不完美而感到内疚或羞愧。这种错位的羞愧感会影响你从错误中学习的能力，而从错误中学习是有效养育的支柱。

小结：内疚会带来更多的内疚，羞愧会带来更多的羞愧。当你时常感到内疚和羞愧时，你还会对这一切感到沮丧。

6. 愤怒和自责

你很容易自责，然后迅速产生愤怒，于是这类情绪无限循环下去。你将所有的错误都揽在自己身上，然后对自己感到愤怒。大多数遭遇过童年情感忽视的家庭都难以处理愤怒。愤怒不仅仅是一种熟悉的感觉，还是一种特别有挑战性的感觉。你的家庭可能犯了以下两个跟愤怒有关的常见错误：①你们可能假装愤怒并不存在，这会导致每个家庭成员都被迫压抑自己正常的愤怒感受；②你们可能反其道而行，你们无法管理愤怒，以至于家里充斥着愤怒。你无法学会用一种健康的方式，去接受、处理、表达你自然而然产生的愤怒情绪。这是个大问题，因为作为家长，你是不可能永远都不生气的。

根据我的经验，大部分遭遇过童年情感忽视的人，因为不了解如何处理他们的愤怒，最终将愤怒转向了自己。作为家长，你与自己的愤怒建立健康的关系是很有帮助的。健康的愤怒会刺激你，告诉你什么时候应该与你的孩子设定边界，什么时候应该更好地照顾你自己。但是现在，你的愤怒非但没有帮助到你，还给你造成了障碍。你的愤怒没有指向正确的目标方向，而是转过来指向了自己。它使你感到失落，吸取你的能量，还降低你的效率。因为你抑制了自己的愤怒，指错了方向，还内化了它，你的愤怒有时候可能会一并迸发出来，指向你的孩子。你在内心深处知道这是不公平的，你当然也会为此感到困惑和不解。

小结：当你时常自责并压抑自己的愤怒时，你就可能会爆发极度的愤怒，你会感到内疚和困惑。

7. 致命缺陷

你的致命缺陷在于，你无法感知、应用、管理自己的情绪，所以深感自己不对劲，时常感觉自己跟别人不一样。这种致命缺陷是童年情感忽视的主要标志。这个强大的"缺陷"事实上只是一种有缺陷的感觉。它将你与他人分开、疏离。你变得害怕让别人接近你，因为怕他们看到你的不对劲，然后拒绝你。致命的缺陷会让你感觉自己不属于任何地方、任何人。

作为家长，你常把致命缺陷隐藏在表面之下。它驾驭你的选择，也影响你作为家长的情绪。它会使你疏离你的伴侣，甚至也与你的孩子保持距离。你害怕别人过于接近你，看到真实的你便离你而去，所以你的孩子感受到的距离感可能比你认为的还要多。这种距离感，对你来讲是很正常的（因为这是你一直的生活状态），但是有时候你也会因为跟孩子缺乏亲密而感到失望。

许多遭遇过童年情感忽视的父母都对一些针对家长的社交要求感到不适。他们告诉我，这些要求包括参与学校开放日活动、参加家长会等。那种被排斥在外的感觉和需要将你自己分离和保护起来的内在需求相叠加，让你觉得自己不管怎样就是格格不入。这可能使你在出席学校活动时感觉不舒服，也让你在孩子比赛或者聚餐时无法跟其他家长聊天。带着内心隐藏的致命缺陷，你可能会挂着一副笑脸混过去，但是这会消耗很多能量，使你疲惫不堪。

　　小结：当你深藏致命的缺陷时，你会不由地与孩子产生距离感，你会感到失望、担心、焦虑、紧张、孤独、无所适从、疲惫不堪。

8. 自律能力差

　　你是否时常无法约束自己？与流行的说法不同，我们不是生来就会自律的。我们通过父母的管教而学习到自律。忽视你情感的父母可能没有通过一种健康平衡的方式，帮助你设立明确的边界。对你来说，像其他父母那样自然而然地管教孩子是很困难的。就像情感上的盲点一样，这些盲点也会从一代传到下一代。

　　由于没能在童年获得足够的限制和边界，你可能发现自己陷入困境，在孩子需要管教时感到无助又困惑。你可能会选择过于松散或者过度的管教。这两种方式都不太好用，但是很难看出你哪里做错了。

　　小结：当你的自律能力很差时，你会失控、无助、有挫败感，以及对孩子的不合作感到生气、困惑。

9. 很难滋养自己和他人

　　你无法给予和得到纯粹的、有深度的、没有防备的爱、温暖和关心。你需要在儿时得到他人纯粹的感情，并且被允许回馈他人的感情，才可以在成年后与人分享并且体验这些情绪。说实话，谈到这个特殊的困难使我感到难过。因为在我脑海里可以想象到，一个孩子本该用一种天真无邪的方式，自然地、健康地去要求并且寻找所有孩子都需要的东西，而他却被父母禁止充分地体验这种因寻找而产生的开放性互动。

每个孩子都需要被悉心呵护。当这种需要没有被满足时，你会有挫败感。这种体验对你影响深远。

不要随便要求，也不要随便接受！

作为家长，你当然关爱你的孩子！然而，在你的内心深处有一道屏障。无论你知不知道它的存在，它都在那里。你内在的屏障很可能是你的父亲、母亲或者他们两个的镜像。然而，如果你觉察到了它，并且在处理你的童年情感忽视问题，那么你的屏障强度肯定会变弱。

内在屏障和你的"致命缺陷"让你无法用完整与复杂的方式和你的孩子建立情感联结。你可能很难觉察到内在屏障对你的影响，或者测量它的干扰程度，但是你和它每天生活在一起。你的孩子可能在跟你一样的挫败感中成长。现在请不要难过，这不是你的错，而且你能够搞定它！当然，你也可能会在与孩子的关系中感到挫败或者受阻。

你的内在屏障也使你很难照料自己。作为家长，你可能将有些正常需求看作过分或者自私的需求，比如休息、自由活动或者自我照顾。

小结：当你没有得到过纯粹的爱时，你也无法给予孩子温暖的关怀，你会跟孩子产生距离感，你会感到内疚、疲惫不堪。

10. 述情障碍（低情商）

你缺乏对情感的觉知、知识和处理技巧。童年是培养情商的训练场。当你的父母看到你的情绪并且帮助你识别、管理情绪时，你会得到不同的情绪体验，以及学到如何用语言来表达情绪。你知道如何辨认自己的感受，也知道为什么会有这些感受。你理解了自己做事的原因，就可以推断他人行为背后的原因。

当然，因为你儿时没有得到过这种关注和训练，你无法内化这些有价值的技能。现在，当你试图理解自己的孩子时，你的知识和体验便显得匮乏了。你发现自己弄不明白孩子做事的动机，只是过度地关注孩子的行为，而不是他的感受。既然你很难从深刻的情感层面理解你的孩子，便常常对如何帮助、指引孩子或者满足其需求感到茫然。

小结：当你具有述情障碍时，你会感到困惑、焦虑、无奈。

总　　结

我完全可以想象到，你在阅读上述特征时会感到既困难又痛苦。作为家长，你的这些负面情绪跟很多愉快、爱和亲密感是同时存在的。我接待过成百上千遭遇过童年情感忽视的父母。我向你保证，不管有多少与孩子有关的自我怀疑、羞愧和疏离感，你的爱意的强度、质量或者价值实际上并没有问题。它们都存在于你的内心。你不缺少什么，也不自私。你足够爱你的孩子，也足够关心你的孩子。你唯一的问题在于，你要敢于接近孩子，并分享你的感受。

在此，我鼓励你去承认并接受童年情感忽视的经历。这是你的父母很可能在不经意间传递给你的。你没有索取这些感受，也没有选择它们。

你的经历是有根据的，你的感受也是真实的。它们都是你童年情感忽视的产物。

关于童年情感忽视，我们还知道些什么呢？那就是它可以被治愈。

第 12 章

童年情感忽视如何影响你的养育方式

童年情感忽视不仅发生在你养育子女的过程中，
还会在你的孩子成年以后继续产生影响。

我们已经知道，童年情感忽视对一个人的影响是深远的。它影响你的内在情感和自我认知，甚至在你成为家长之后，它还会继续影响你与子女的关系。童年情感忽视不仅发生在你养育子女的过程中，还会在你的孩子成年以后继续产生影响。

我知道对很多人来说，阅读第 11 章和第 12 章不是一件容易的事。我最不想看到的就是你们因为阅读了这些内容而感到羞愧。你们在生活中已经承受了很多压力，我也不想增加你们的负担。我希望可以找到更轻松的方式来传递给你这些重要的信息，然而如果你想改变与孩子们的关系，我们要做的第一件事就是理解这些情绪。想要理解这些情绪，我们就必须讨论它们。如果你觉得谈论这些事情是非常困难的，那么我完全理解。我唯一希望的就是你能够信任我，让我悉心陪伴你走过自我发现和恢复的道路，同时得到治愈和益处。

如果你刚刚阅读完第 11 章，并且要在本章继续锻造自己，那么我强烈建议你先休息一下，做一些对自己有滋养的事情，给大脑一些时间和空间去消化之前的阅读内容。你可以泡个热水澡，也可以出去散散步，呼吸一下新鲜空气，还可以与好友聊聊天，吃些新鲜的草莓，听听你喜欢的音乐，甚至等明天再阅读本章内容。请你不必着急，而是花一些时间想想第 11 章的内容。这将会帮助你更好地理解这些材料。

本章我们会讨论父母与子女的关系问题。我们知道，每一段亲子关系都是独一无二的，同时也是复杂的。当谈及你自己的亲子关系时，我们没有办法捕捉到这组关系中的方方面面。我们会关注童年情感忽视在你的生活中留下的印迹，以及在童年情感忽视的影响下，你的子女会有什么样的感受。不要期待你读到的每件事都符合你的生活。要知道，童年情感忽视在你身上所留下的印迹是独一无二的。在阅读之前，请牢记以下三个重要的事实。

○ 由童年情感忽视所造成的后果并不是你的过错。

○ 你是一个关心孩子的家长（我知道你是这样的，否则你现在不会阅读本书）。

○ 不管什么时候开始治愈你与孩子的关系，都为时不晚。

接下来，我会通过两个家庭来讲解它们是怎样影响亲子关系的。一个家庭是梅、马歇尔和他们的孩子玛莎（6岁）、迈克尔（11岁）；另一个家庭是奥斯卡、奥莉芙和他们的孩子辛迪（已成年）、卡梅伦（青少年）。他们都是可爱又充满爱心的人。在阅读他们的经历时，我希望你能够想想自己，想想你的孩子，以及你的孩子可能经历的感受。

十种影响

孩子的情绪在很多方面都和成年人一样复杂。在某些方面，孩子所经历的情绪也许更加纯粹，所以这些情绪也就来得更加有力量。当然，我们知道孩子每天都在经历各种各样的外部压力，他的情绪状态也不都源于父母养育他们的方式。孩子的世界里充满了各式各样的人，有老师也有同龄人。学校的规定、学习和社交上的压力、父母遗传的因素都会影响孩子的情绪。

在此，我们会专注于父母情感忽视对孩子造成的直接影响。现在让我们看看玛莎、迈克尔、辛迪和卡梅伦对他们父母的情绪反应。

1. 反依赖

玛莎（6岁）

今天是星期四，玛莎的小学每周四只上半天课。放学铃声响起后，不坐校车的学生们都会被带到操场。他们一边等父母来接，一边追逐嬉戏。今天天气很好，玛莎在攀登架那里玩得很尽兴。当玛莎看到小伙伴向她爬过来时，她尽快地躲开不被小伙伴抓到，大笑声和尖叫声不绝于耳。眼看玛莎差一点就躲开一个小朋友的抓捕，正在此时，她听到妈妈叫她的名字。玛莎看到妈妈和哥哥迈克尔站在教学楼旁边招手让她过来。

她的游戏只进行到了一半，玛莎看到妈妈的那一瞬间，就好像感受到有一个人用一条湿毛毯蒙住了她的头。她决定将游戏进行到底，她假装没有看到或听到任何东西，继续玩着。这一招只拖延了一分钟。梅走到了攀登架旁边说："喂，小姐，把书包拿上，我们现在要走了。"

玛莎意识到她现在必须听妈妈的话了。她被现实敲醒，她的快乐时间要结束了，而她和她的朋友们永远不会知道谁是这场游戏的最后赢家。突然，她深深地体会到了一种失望和不公平的感受。她的喜悦瞬间滑落到了不开心的谷底。"求求你了，妈妈，我必须把这局玩完，我们只玩到了一半。"她央求道。但是看了一眼妈妈的脸，她就知道自己不可能赢得过妈妈。从攀登架上滑下来，玛莎开始冲身边每个人尖叫、哭泣、大喊，好像要把她的失望发泄出来。

梅站在玛莎旁边，感到尴尬和无助。此时，刚刚结束早上繁重工作的梅想："玛莎怎么好像总是知道我什么时候最疲惫，而且总是选择在我最疲惫的时候闹出状况。"

在她大哭大叫的时候，玛莎偷偷地瞥了妈妈一眼，以便根据妈妈的反应决定接下来的行动。她看到了一张无情的、僵硬的脸，她意识到妈妈根本没有在看她。"她根本不在乎我！"玛莎痛苦地想着。同时，她被彻底激怒，哭得更加厉害了。

在这个场景中，梅并没有做错什么事。事实上，她在任何事情上都做得很出众，甚至超出了她本该做的。因为学校在每个周四都是半天上课，梅都是在中午离开她繁忙的律师工作，到学校接孩子，然后下午在家把剩下的工作完成。梅和马歇尔讨论过是否能让邻居在每周四接孩子时帮忙接上玛莎和迈克尔，或者让两个孩子在放学后去课后班待上几个钟头。然而，让邻居接孩子这个提议让梅觉得很不舒服，她不愿意欠邻居的人情。同时，梅觉得不应该把孩子放到课后班，尤其是当她可以在家陪伴孩子们的时候。梅想着孩子们可以在家写作业，也可以到后院玩耍。

虽然马歇尔尽力劝说梅，但是梅并没有退让，坚持每个周四都去接孩子。梅公司的管理层可能并不赞同她的行为。他们每个星期五早上都会给梅更多的工作去处理，好像在试图阻止她继续这样下去。

梅并没意识到，她掉进了一个叫作"反依赖"的陷阱里。梅的母亲专注自我，她通常把自己的需求放在梅的需求之前。梅非常习惯和熟悉这种压制并放弃自己需求的状态。这种被两头挤压的感觉，在梅看起来却是一种生活常态。比如，梅觉得被工作和孩子夹在中间是很自然的事情。梅害怕要别人帮忙、害怕依赖别人，所以她尽可能避免这样的情况发生。她自然而然地负担起很多东西，想为所有人做所有的事情。然而，这一切都是以牺牲她的个人需要为基础的。

玛莎当然不知道妈妈的问题和挣扎。她所面对的是一个孩子的需求，这个需求是健康的、真诚的、纯粹的、简单的、清晰的。这个需求就是要妈妈看到自己的感受和需要，并要妈妈

回应自己的感受和需要。请不要纵容孩子的感受和需要，而是
要看到它们、承认它们，并帮助孩子管理它们。

2. 缺乏自我同情

卡梅伦（17 岁）

卡梅伦坐在高中的化学课教室里考试，考卷一共有六道
题。卡梅伦对前四道题很有信心，但在做到最后两题的时候
被难住了。他想："我没有学到这一部分，这是电化学原理。
我怎么能把这部分的内容落下了呢？"这个想法很快发展成
了卡梅伦的自我攻击。

"为什么总是这样？我总是学不到点子上，总是学那些
没有用的内容！我到底有什么问题？！"卡梅伦环顾四周，
他发现其他同学好像都在努力地答卷，他们看上去都知道自
己应该做什么。"他们一定都学习了这个电化学原理，只有
我一个人犯了这个愚蠢的错误。"卡梅伦无法停止他的想法，
从而开启心理上的警戒模式。

在卡梅伦的思考过程中，他并没有觉察到自己的心跳开
始加速，他的想法也越转越快。随着心跳的加快，他陷入灾
难性思考的状态。在这个状态中，时间像闪电一样划过。突
然，他看了一下表，意识到考试即将结束。老师大声说："时
间到，交卷。"

卡梅伦把卷子交给老师，低着头，希望不要有人与他讲话。他独自一人离开人群，快速地向家走去。走到家门口的一瞬间，他的眼睛一下子湿润了。

他走进家门，看到妈妈在屋里跑前跑后，整理着房间里的琐事。"嗨，卡梅伦，今天在学校过得怎么样？"她在另一个房间里问道。还没等卡梅伦回答，妈妈拿着一堆东西走向他，又说道："我马上要去奶奶家。晚饭前回来。"看着妈妈匆匆忙忙地走出门，卡梅伦瘫倒在自己床上，戴上耳机。他把音乐的音量尽可能调大，他希望自己可以沉浸在音乐里，把对自己的不满和愤怒都消磨殆尽，同时一个批评的声音在他脑海里出现："你又搞砸了！"

所有的学生在学习上都会犯错，所有的家长在生活中都有急急忙忙的时候。上面这个故事并没有任何特殊之处。然而，它给我们呈现出了严苛的自我批判、指责和愤怒所造成的伤害，这同时也是缺乏自我同情的结果。卡梅伦为什么会变得对自己如此苛刻呢？不幸的是，这一切都是他在不自觉的情况下从父母那里学到的。

你还记得卡梅伦的妈妈奥莉芙吗？你还记得她与自己母亲之间的关系吗？在奥莉芙的成长过程中，她需要照顾兄弟姐妹，只有这样，母亲才能有足够的时间去工作。母亲负担过重，每天筋疲力尽，与此同时，父亲从她的生活中消失了。奥莉芙对这些经历鲜有觉察，甚至不去感受它们。在奥莉芙的成长过程中，没有人会去注意她犯过的错误，更不要提与她聊一聊生活中的错误了。在她的生活里，没有一个理性的、平和的成年人可以帮助她把错误理一理，看一看哪里犯了错，下一次该怎么办。我把这个过程称之为"慈悯心问责"。

慈悯心问责

它是一个有关怀力并且理性的内在声音。在你犯错的时候，这个声音能够为你提供指导，帮你做出选择。这个声音用慈爱的方式让你负起责任。这个声音不会让你迷失，也不会评判你。它会帮助你从错误和选择中学习，帮助你放下包袱，帮助你继续成长。如果想学习到更多有关如何培养这种内在声音的内容，请看我之前的一本书《被忽视的孩子：如何克服童年的情感忽视》。

不管是奥莉芙还是奥斯卡，他们两个人都没经历过这种"慈悯心问责"，所以谁都没办法把这个声音提供给卡梅伦。

在卡梅伦的成长过程中，没有人可以给他足够的指导，让他在选择与错误中成长。卡梅伦只知道用一种方法来处理生活中的错误，那就是攻击自己。当然，这种方法不仅效果不佳，还会造成自我伤害。事实上，他只顾忙着攻击自己，而忘了从错误中吸取教训。想象一下，如果那时候有一个声音告诉卡梅伦，"噢，你没有看电化学原理这一节，这可不好。不过没关系，每个人都会犯错。只有集中精力，你才能把这个问题解决好"，那么他至少能够把那些用在自我攻击、制造焦虑的能量用来解决手头的实际问题。

在这个故事里，还有一点非常重要。当卡梅伦走进家门时，他那位忙碌的妈妈，并没有注意到卡梅伦在此时双眼含泪。她问他："今天在学校怎么样？"虽然她这样问了，但是她并没有给卡梅伦回答这个问题的时间。这本身并不是什么大问题，所有的父母都会有同样的行为。然而，把这些事情加在一起，我们可以看出卡梅伦的父母没有注意到孩子的情绪。他们让孩子独自去管理、处理自己的错误，以及从错误中学习。

卡梅伦、奥莉芙和奥斯卡所组成的家庭是缺少自我同情的。虽然这并不是某个人的过错，但缺乏自我同情正是卡梅伦焦虑的罪魁祸首。如果奥莉芙和奥斯卡没有参加婚姻咨询，从而开始尝试解决这些问题，那么卡梅伦将会在这种状态下继续成长、结婚、生子。在不知不觉之间，卡梅伦也会把这痛苦的"自我同情缺乏症"传递给他的孩子们。

3. 空虚感

辛迪（26 岁）

现在是星期四晚上 10 点钟，辛迪正在锁珠宝店的大门，她在这里做夜班经理。下班后，辛迪跟销售人员说了再见，之后独自一人在店里坐了一会儿。她在想回到家之后该做什么。从珠宝店到家有 15 分钟的车程。辛迪拿起手机，给她最好的朋友、她的室友翠西发了一条短信："我 15 分钟后到家，要做点什么吗？"

一路上，她期盼着看到翠西的回复，可是没有任何短信进来。停好车，辛迪又看了一眼手机，她想再看一下到底有没有短信传过来。手机仍然没有动静，辛迪想："翠西跑到哪里去了？我希望可以有人在家。"同时，辛迪好像有了走进空屋子后那一瞬间的感觉。

看到房子里空无一人，辛迪感到懊恼。"好吧，没问题，"她想，"我可以利用一下独处的时间了。我要煮点意大利面。我确定，在这之后就应该有人回家了。"辛迪吃过了意大利面，又看了一会儿电视剧。房间里的静谧氛围充斥在她的周围。她的胸口充斥着孤独感和空虚感。她又看了一下手机——什么信息都没有。"太荒唐了！翠西肯定忘了我今晚会在家。"这样的想法引起了辛迪对翠西的气愤，这股怒火填补了她胸中的一部分空虚。可是，与此同时，这股怒火又把辛迪拉进了强烈的孤独感之中。

辛迪很熟悉这种感觉。自从 7 年前她离开家去上大学，辛迪就常常与这种孤独感为伴。虽然她"知道"这种感觉，却没有仔细检查过这种感觉。相反，她学会了用自己的方式去处理它。每当在胸口出现这种空虚感时，辛迪就开始要忙着做事情，这次也不例外。"我记得那天有人带了一些肉桂卷。

> 放到哪了？我知道它们应该被放在家里什么地方了。"辛迪一边自言自语，一边开始疯狂地翻橱柜。

你体验过辛迪胸口里的这种空虚感吗？如果你有同样的感觉，那很可能与辛迪有同样的原因。辛迪是一个独立的年轻女人。她聪明、足智多谋，而且格外要强。然而，她有一个巨大的弱点，那是属于辛迪的"阿喀琉斯之踵"——她坚强的外表是建立在流沙之上的。她必须努力维持这堆沙子，她时时生活在恐惧当中，害怕浮于表面的坚强会瞬间瓦解。

辛迪的流沙就是她的情绪。从孩提时代到青年时代，她每天都会体验很多情绪。在面对父亲癌症的恐惧时，在她的内心深处，埋藏着好几个层次的情绪。在她面对每个人的时候，都有类似的复杂感受。

辛迪是被奥斯卡和奥莉芙抚养长大的。在十几年的养育过程中，奥斯卡与奥莉芙看不到自己的情绪，看不到辛迪的情绪，也看不到卡梅伦的情绪。在孩提时代，辛迪的感受没有被注意到，她的感受也没有得到应有的回应。辛迪在成长过程中没有学习过关于情绪的语言，也没有学习过如何识别、承受和利用自己的情绪。童年情感忽视传递给辛迪一条强有力的信息："你的感受无关紧要。"辛迪在很小的时候就学会了如何逃避自己的情绪，而不是接受和利用它们。对辛迪来说，她的生活中缺失了一个重要并且丰富的资源：她的情绪。

幸运的是，辛迪的父母做了一件出色的事情，这同样也会帮助辛迪。他们已经花了很多时间来治疗自身的童年情感忽视。很快，他们会与辛迪联系，向她施以援手，鼓励辛迪走上康复之路。

4. 不能准确评估自我

卡梅伦（17 岁）

这是夏末的一天，卡梅伦和一群朋友边走边聊，笑声不绝于耳。他们走向足球场，准备新学期的第一次训练课。卡梅伦整个夏天都在练习他的传球技术。他非常兴奋，想展示出自己夏季训练的成果。他很希望自己可以在今年打进校代表队。

教练给球员们简单讲了一下今年试训的规则，并且解释了今天的训练只是恢复性训练。"我想让你们所有人先放松下来，把训练项目完成，将关注点放在你需要进步的地方。我会看你们每个人的训练，然后给出建议，帮助个人技术最大化。今年我们大概有 80 人试训，我会从你们之中选择最好的 30 个球员，进入校代表队和学校预备队。现在，让我们开始吧！"

听过教练的讲话，球员们欢呼着分散到各个训练项目中。卡梅伦看了几个训练项目：带球、转身、变向和投球。终于，他选择了传球训练项目。他从眼角的余光看到教练正在盯着他。卡梅伦想着："在去年，传球是我的弱项，教练是知道这一点的。我这次一定会让他刮目相看。"带球跑之后，他用极为专业的脚法把球传给了队友，然后跑回原地等待另一个队友的回传。此时，卡梅伦的心突然一沉。他看到队友们也练习了整个夏天，而他们的进步更大，自己则相形见绌了。

训练结束后，卡梅伦觉得教练好像根本没有注意到他，也没有看到他在传球上的进步。卡梅伦的朋友们在周围有说有笑、互相击掌并为第一次训练课相互鼓劲，而他却静悄悄地溜回了家。他希望没有人会看到他。他的脑子里一直在想："为什么要花费这么大的努力去尝试？你永远不会进到首发队员中。你没有运动才能，你需要承认这一点。"

如果你已经知道了卡梅伦在化学考试上的经历，那么你可能并不会为他在足球训练课上的反应感到吃惊。在这个例子中，卡梅伦不仅缺少自我同情的能力，还缺乏自我认知。自我认知是一种更为基本和精要的素质。缺乏自我认知对卡梅伦的生活影响很大，让卡梅伦在挑战面前缺乏韧劲，并且更容易放弃。

事实上，卡梅伦具备很好的运动能力。他的脚步移动很快，手眼协调能力非常出色。有时他可以觉知到自己具有这些技能。然而，他对自我的了解不够深入，因为他的自我认知都存在于短暂的瞬间，而且都是从家庭以外的人们那里得知的。当卡梅伦在运用某种技术得分时，他看到教练的眼睛一亮。卡梅伦的朋友们曾跟他说过，他们羡慕他飞快的脚步。他的父母也曾看过卡梅伦踢的几场比赛，然后总是敷衍地跟孩子说，他踢得很好（甚至是在卡梅伦踢得不好时也这样说）。令人忧伤的是，卡梅伦的父母并没有做到真正重要的事。他们从来没有给过卡梅伦具体的反馈，比如卡梅伦对足球的热情，还有卡梅伦作为球员、学生和独立个体的优缺点。

卡梅伦的父母从来没有发现他对自己的传球技术不满意，他们也没有注意到卡梅伦花了一个夏天的时间来练习和精进自己的传球技术。他们跟卡梅伦的交流是不够的，他们从未跟卡梅伦说："在你们的队伍里，你是一个很投入的球员。你总是想要把自己变得更好，这一点很棒。"他们没有注意到孩子惊人的手眼协调能力和快速的脚步都是非常出色的运动优势。

对于卡梅伦来说，有一些问题是没有人能帮助他解答的，他只能尝试自己寻找答案。他是什么样的人？他擅长什么？他对自己的运动技术、对自己的强项和弱项感到困惑。当事情没有按照他的预期发展时，卡梅伦会觉得没有支撑，乃至手足无措。由于从小缺少从父母那里得到具体的、真实的、包容的、必要的反馈，卡梅伦在了解自己的过程中总是摇摆不定。

如果卡梅伦知道自己的脚步和协调能力是强项，并且得到了父母的反馈，那么他会善用这些技巧。如果卡梅伦非常了解自己的热情、兴趣、性格和困难，那么他的生活会有所改善。在经历一个夏天的练习之后，卡梅伦发现他的传球技巧依然赶不上一些竞争者。如果卡梅伦能准确地评估自己，他就会想："我一直都知道传球是我的弱项，我会继续练习。然而，我可以用速度来弥补我传球技术的不足。"

所有的家长都希望自己的孩子可以拥有韧劲。只有清楚和准确地了解自己，人们才有可能拥有这种韧劲。父母对孩子认真的观察和慈爱的反馈恰恰是培养孩子自我认知的条件。

让我们回溯父母的责任。没有一位家长可以事无巨细地观察到孩子的每个细节。我并不是说，漏掉了孩子生活中的某个细节，就会给孩子造成童年情感忽视。对卡梅伦来说，问题并不在于他的父母没有观察到孩子在运动方面的强项和弱项，而在于他的父母（奥斯卡和奥莉芙）分别遭遇过童年情感忽视。奥斯卡和奥莉芙的父母同样没有给他们足够的关注，没有看到他们与生俱来的天性。跟他们自己的父母相比，奥斯卡和奥莉芙已经做得很好了，他们给卡梅伦和辛迪的个人关注要多得多。然而，跟那些能和孩子的情绪相协调的父母们相比，他们没有办法做到丰富、有层次、多视角和全方位的观察。

他们无法给予孩子他们本身不具备的东西。这并不是他们的错。

5. 内疚和羞愧

玛莎（6 岁）

玛莎正在客厅里和两个朋友玩，他们是西蒙和拉腊。他们拿着塑料球棒和球，在玩投球和击球的游戏。西蒙和拉腊玩得很认真，他们边玩边记分。玛莎则相反，她觉得很无聊，在一旁开始发呆。

"轮到你投球了，"西蒙对玛莎说，"这次要瞄准。"玛莎捡起球，把球高高地抛向身后，同时用捣乱的语调说："好的，就不听西蒙的。"之后她一下子躺在地板上，咯咯地笑起来。西蒙和拉腊互相交换了一下厌恶的眼神。拉腊说："认真点，玛莎，好好玩。我们要把这一局打完。"

玛莎觉察到她的朋友们已经开始变得烦躁，她赶紧拿起球，认真地投了出去。可惜的是，玛莎失手了，这个球投得太偏了，离本垒差了一段距离。"好了，就这样吧！你出局了！"西蒙宣布道。他告诉玛莎，他和拉腊不带她玩了，他俩会把这一局玩完。玛莎站在一旁，看着她的两个朋友把她丢在一边，继续玩着，还记着比分。终于，玛莎感到一波情绪从她的小腹爬到胸口，越来越强烈，她扑通一声，坐在沙发上。她感到气愤，感到在自己家里被她的朋友排斥。她忍不住上前抢走了拉腊的球棒，走出了房间。

梅在厨房里忙碌着，听到了孩子们的争吵声，她马上向客厅走去。看到她的女儿拿着球棒从房间里走出来，听到她的朋友们在抗议，梅此时想："又开始了。玛莎什么时候才能懂事呀？"梅把球棒从玛莎的手里拿走，还给了拉腊。她把玛莎拉到了隔壁房间。"玛莎，你不可以这样做。坐在这里，等你冷静了再出来。"后来，梅离开房间，留下玛莎一个人。

玛莎呜咽着，感到痛苦、气愤、沮丧、被排斥、受伤、不公平。所有这些情绪被羞愧编织成厚厚的"斗篷"，把玛莎包裹在中间。"我有什么问题？"她绝望地向空屋子发问，绞尽她只有 6 岁大的小脑袋，寻找着答案。

在上述情景中，你可以看到小玛莎经历了一大堆复杂和多样的情绪，而且这些情绪还有多个层次。理解这些情绪是非常重要的。玛莎因为朋友们对她的不公和排斥而感到痛苦。除此以外，她还感到自己被妈妈误解。妈妈自动地站到了她朋友的一边，玛莎觉得他们都在针对他，他们没有公平地对待她。

现在，我们来说说这些情绪的关键所在。妈妈的反应是基于玛莎之前的情绪状态。玛莎知道，她的情绪反应被妈妈和其他大人称作"耍脾气"。她知道爸爸妈妈想让她停止这些行为。她自己也想让这样的行为停下来，但是她不知道该怎样做。

在玛莎的身边，没有大人和她谈及这些复杂的情绪。此外，这些大人对她的情绪做出的回应是恼怒、沮丧和"贴标签"。虽然没有人羞辱和否认玛莎的情绪，但是也没有人去认可玛莎的情绪。玛莎没有学会应当怎样理解她的情绪，怎样忍耐她的情绪，怎样表达她的情绪和情感需求。

正因如此，这些表层下的情绪汇成了内疚和羞愧的河流，在玛莎的身体里流淌。此时，玛莎的大脑内部在进行着有破坏力的想象。没有人知道她的小脑袋里在发生着什么，也没有人想要玛莎这样想。她的大脑把内疚和羞愧这两种情绪与她发脾气的行为联系到一起，这给她的生活设下了一个陷阱。每当发脾气的时候，她就会不由自主地感到羞愧。因为这样的经历使她不愉快，再加上她没有足够的语言和技巧来处理这些情绪，玛莎自然而然地会努力压抑它们。这样，她就可以不再成为父母眼中的"麻烦"，也可以停止她的羞愧感。

对于经历过童年情感忽视的人来说，玛莎处理情绪的方式是自然发生的。她的父母爱她、关心她。然而，玛莎的妈妈梅从未有机会来了解情绪，她自己也被童年情感忽视所困扰。

6. 愤怒和责备

迈克尔（11 岁）

迈克尔是马歇尔和梅的长子。对玛莎来说，他是个富有爱心的哥哥。马歇尔的性格和玛莎截然不同，他是个平和安静的人。每当玛莎发脾气时，迈克尔都会尽可能保持安静，躲到一边。这样，爸爸妈妈就可以全力处理妹妹的事情了。

这一天，迈克尔的父母要跟他和妹妹说一件很重要的事情。"孩子们，快到厨房来，我们要跟你们说点事。"他们说道。迈克尔赶紧把橄榄球放到阳台上，跟玛莎一起去厨房。

"我们知道这个消息可能会让你们感到失望，但还是必须跟你们讲。"马歇尔说。他看了一眼梅，继续说："下个月，我们不能去佛罗里达州的巨型水上公园了。"玛莎的反应制止了马歇尔的进一步解释。

"不！"她大声地喊道，眼泪从脸颊上流下来。"我们要去！你都说了我们会去的。我们一定要去！"

"冷静，玛莎，让爸爸跟你解释。"梅跟女儿说道。马歇尔走上前来，把手放到她的肩膀上，想要哄她安静。"孩子，对不起，"他说，"我在学校放假那一周要加班。我也尝试了，看看有没有办法不去加班，但是这一次做不到。我向你保证，我们一定会去的，不是在12月的假期，就是在明年春假。"马歇尔几乎没能把话说完。玛莎发现哭泣是徒劳无功的，便更大声地哭起来，同时向屋外跑去。马歇尔赶紧跟了出去。

这时，梅看了一眼迈克尔。他安静地坐在那里，看上去不太开心。"谢天谢地，迈克尔，你真安静。如果你要是和玛莎一样大吵大闹，我和你爸爸真不知道该怎么办。"迈克尔听出了妈妈话中的些许赞美，他努力地向妈妈做出了一个表情，表示说他很好，然后问道："我能出去玩了吗？"

"当然了，甜心。"梅说着，同时为迈克尔打开了门。在迈克尔经过身边时，梅摸了摸他的头。迈克尔拿着他的橄榄球走在街上，准备去找他的朋友。此时，他开始体会到一阵强烈的感受。深深的失望和气愤在搅动，好像随时都会冒出来。然而，迈克尔不知道这些感觉是什么，也不知道该对这些感觉做些什么。迈克尔离开了通向朋友家的路，开始漫无目的地兜圈。他不断地把橄榄球向天上扔，希望可以控制住自己的情绪。

同时，眼泪从迈克尔的脸上流了下来。他想："什么事情都不顺利。我是被诅咒了，还是怎么了？我可能永远都无法去那个水上公园了。"

此时，你可以看到，迈克尔的父母并没有回应孩子的感受。虽然他们忽视了迈克尔的情绪，但很快注意到了玛莎的情绪。因为玛莎的情绪更强烈。这会不会让迈克尔更坚强呢？有这种可能。他需要学会控制自己的情绪，让自己表面上看起来平静而且不受影响。然而，他在学习一种有害的处理方式。这个方式会随着时间的推移对他造成伤害。他学会了对自己生气，而不是把愤怒发泄到适当的人身上（在这个案例里，适当的地方可以是他的父母，或是父亲的老板）。迈克尔把他的失望情绪看成是自己的问题，是自己的坏运气，而不是外部的、不可预测的、无法控制的大人们的事情。其实，在这个问题上，迈克尔一点错也没有。

迈克尔学会了责备自己。

7. 致命缺陷

辛迪（26岁）

在珠宝店里，辛迪正在忙碌地往展柜里添置新货。此时，老板玛丽在她身后说道："辛迪，下周二你和我一起去展会。"

"噢，是的，太好了。"辛迪结结巴巴地说，对老板的邀请感到受宠若惊。她知道，参加展会标志着她会被任命为日班经理。同时，辛迪的大脑乱成一团，试图理清刚刚发生的状况。在内心深处，她对老板的这个主意深感不安。"焦虑"是形容这种不安最恰当的词语。

不幸的是，辛迪没有觉察到她的不安。不过，辛迪可以清醒地意识到，这是个好消息。于是，她抱着积极的心态，用接下来的几天来准备这次展会，同时也试图把自己的热情和兴奋调动起来。

周二，辛迪已经准备好进入展会现场，并在那里与老板碰头。与此同时，她深感不安（焦虑）。她强迫自己穿过巨大的玻璃门，感觉自己像个冲锋战士。她走进一大群人中，想赶快找到自己的老板，却怎么也看不到。辛迪想："我先排队登记，没准老板就很快会出现。"与此同时，她环顾四周，看到人们都是三五结伴，欢快地彼此交谈。这让辛迪感到格外别扭。在这样的环境里，她形单影只，特别显眼。

辛迪的胸口升起了一阵焦虑感，她继续寻找着老板玛丽，而且比刚才更加急迫了。她还是看不到玛丽的影子。终于通过了登记处，辛迪走进礼堂，准备观看即将开始的第一场展示演讲。她挑了一个周围没有人的地方坐下来，等待着玛丽出现。她孤零零地坐在那里，没办法融入大家。

在第一次参加职业展会时，人们可能会被吓到，也可能会感到紧张和焦虑。在这个案例中，我们看到辛迪遭遇过童年情感忽视，拥有着致命缺陷——时常觉得自己与别人不一样，难以融入他人。我们知道辛迪在压抑她的情绪。这是因为在她的成长过程中，辛迪的父母并没有充分注意到她的情绪，使得辛迪也没有办法了解自己的情绪。此时此刻她也无法应用和管理自己的情绪。

情绪是我们的重要资源。情绪让我们生活得温暖，让我们能够与其他人有感情上的交流。当你审视周围的人时，是否也像辛迪那样感觉到自己缺乏某种难以名状的特质或能力？其他人好像都生活在五彩斑斓的世界里。相比之下，你的世界只有黑白两种颜色。

因为辛迪无法应用和管理自己的情绪，所以她在这场职业社交展会中觉得很别扭。虽然她花费了大量的精力来确保自己举止得体，但忽视了她需要做的其实是向别人展现出真实的自己。

跟其他人不同，辛迪的内心深处总觉得自己好像缺失了某些非常重要的东西。因为辛迪的感觉与其他人不同，所以她不管到哪里都觉得自己是局外人，处于边缘地带。辛迪并不知道，她是自己"致命缺陷"的受害者。

8. 自律能力差

迈克尔（11岁）

放学后，迈克尔和两个朋友磨磨蹭蹭地走在回家的路上，他想着回家要完成数学作业。他们先到了迈克尔家，好友巴里问道："迈克尔，我们要不要在你家后院玩一会儿橄榄球？"

另一个朋友里克附和道："好主意！迈克尔，你去拿球，我们在后院等你。"说着，两名好友就向后院跑去了。

"等等，还不行！"迈克尔叫住他们，"我要先完成数学作业，还要把家务做了。我们可以等一会儿再玩吗？"朋友们有些失望，各自返回家中。

我知道你在想些什么。你可能会想："哇！迈克尔真是一个懂事的孩子呀！"你是对的。一个11岁的孩子宁愿不和伙伴们玩耍，也要先完成作业和家务。什么样的孩子才会这样啊？答案是：只有成长在童年情感忽视家庭中的迈克尔才会这样。

我们已经知道，迈克尔是一个安静又懂事的小孩子。他尽量不去向父母表达他的需要，也不去要父母的关心，以便他的父母可以花更多的时间来对付难搞的妹妹玛莎。之前我们聊过，迈克尔尽量不让自己引起家人的注意。他知道，如果他索求不多，妈妈就会开心。虽然迈克尔并没有意识到这一点，但是在他的潜意识里已经形成了一个需求，那就是"不去索求任何东西"。在潜意识的深处，迈克尔学会了一点：如果他想要被爱、被接受而且被珍惜，那么他就一定不能惹任何麻烦。这并非迈克尔的父母有意为之。

在生活中，每做一件事情之前，迈克尔都会去考虑他的妈妈是否喜欢。如果是妈妈喜欢的事，迈克尔都会在妈妈开口之前把它做好。这种行为方式在很多方面都是没有问题的。然而，如果任由他继续如此行事，那么迈克尔未来的生活会出现严重的问题。

不幸的是，这样的家庭环境给迈克尔设下了一个陷阱——不管他现在显示出多好的自律性，他都没有学会真正的自律。此外，他的生活总是缺少个人需求。父母的声音在迈克尔的内心中成长，而他逃避了外部的生活规范。这个内心的声音在提醒迈克尔写作业，在提醒迈克尔做家务。这个声音内化成迈克尔的一部分。跟大多数孩子一样，当他们犯错时，这个内心的声音就会严厉苛责他们。

迈克尔在做事之前，需要知道妈妈是不是要他做这件事。可惜当迈克尔再长大一些，等他搬出家门之后，妈妈的要求不见了，他做事的动机也随之消失了。等他变成一个成年人，这个内心的声音会说出越来越严苛的话。这个声音既不会帮助他去做他不想做的事情，也不会制止他去做不应该做的事情。

在成年以后，当迈克尔要去处理那些无聊的、困难的、烦琐的事情时，这个内心的声音就开始发声并推动他。迈克尔觉得，如果他在处理这些事情时遭遇了困难或者失败，那么这个声音就会羞辱并贬低他。有些时候，为了躲避这种羞愧感，迈克尔干脆不去尝试，索性全然不顾了。

当迈克尔还是个孩子的时候，他的父母没能够提供一个稳固的、慈爱的外部生活规范。当迈克尔犯了错误或失败的时候，他的父母没有能够用"慈悯心问责"的方式和他对话，所以他没有发展出一套"慈悯心问责"的内在思维习惯。

某一天，迈克尔很可能会困惑于自己在自律上遭遇的困难，可他也根本记不起来自己究竟缺失过什么。回首自己的童年，他只记得自己的家庭充满了爱和关怀。迈克尔很可能会把自己看作一切问题的原因。他会对自己充满疑虑："我很软弱吗？我到底有什么问题？"

9. 很难滋养自己和他人

辛迪（26岁）

辛迪开车向医院驶去。她爸爸的手术即将结束，辛迪一路上觉得胸口被压得喘不过气来。妈妈要她3点钟到医院，这样她可以和妈妈一起取医生的报告。今天最大的问题是要知道手术有没有把肿瘤全部取出来，还是说癌细胞已经转移了。这对辛迪全家来说是个至关重要的问题。

在医院的停车场停好车，辛迪开始颤抖。她在车里大哭起来，眼泪如泉水般涌出。她赶快用纸巾擦拭，好像可以擦掉她的痛苦与恐惧。有好一阵子，辛迪没法动弹，她不得不坐在车里试图整理好自己的情绪。最终，她拿好随身物品，快速向医院楼里走去，她知道自己已经来晚了。

辛迪看到妈妈坐在大厅的对面，她用力抚平脸上焦虑的神色，快速向妈妈走过去。"对不起，妈妈，我来晚了，我刚刚在楼下……"她结结巴巴地说着，想要给出更多的解释。

"没关系，辛迪。你爸爸的手术做完了，医生说他会好起来的。他们把肿瘤都取出来了。"辛迪现在需要大哭一场，需要扑倒在妈妈的怀抱里。可实际情况与此相反，她和妈妈保持着一臂距离，用僵硬的语气跟妈妈说："哦，天啊！太好了。我太高兴了。"

为了打破此刻的尴尬，奥莉芙起身迈步，给了女儿一个拥抱。她说："看，我说过，一切都会好起来的。"

在这个故事里，我们看到童年情感忽视在人的内心建立了一道屏障。这个屏障将我们与自己的情感分开，也隔离了我们最在乎的人。当对自己的情绪感到不适的时候，你也不允许别人看到这些情绪。

在开往医院的路上，辛迪并没有完全意识到自己的情绪。她不接受这些情绪，也不想处理它们。她想要在妈妈面前隐藏这些情绪，然后编一个理由来解释自己的迟到。

在这个可怕的情感状态中，辛迪没办法和妈妈分担她的感受，奥莉芙也同样没办法把自己的情感分担给女儿。她们被自己所阻碍，也阻碍了彼此。他们家有着如下秘而不宣的"家规"。

　　◦ 请不要谈论任何重要的事情。
　　◦ 请不要让别人觉察到你的情绪。
　　◦ 无论代价如何，请不要表露自己的情绪。

即使在这样可怕的时刻，辛迪和奥莉芙也不能背弃"家规"。"家规"管控了她们，也阻碍了她们。

10. 述情障碍（低情商）

在所有由童年情感忽视导致的后果中，述情障碍的影响最大也最深远。如果在童年时，你的情绪没有被充分处理，那么在成年以后，你的情绪也会被自己遮盖。在塑造人生的几十年里，你将失去了解自身情绪的机会。如何区分不同的情绪？我应该拿这个情绪怎么办？我的情绪如何影响我的决定？其他人的情绪怎样影响他们的行为？

由童年情感忽视所带来的后果，会影响到你生活中的每个方面。这好比是严重的残疾，或是像丢失了臂膀。当我们看到这四个孩子的生活时，你也可以体会到童年情感忽视对他们的影响。现在，让我们回过头来，从另一个角度再看一看之前谈过的场景：让我们看看述情障碍是如何交织其中的。

关于辛迪（26 岁）

在开车去医院的路上，辛迪为自己的情绪感到吃惊，她被自己的情绪吓到了。当然，这种感受可能会在某个时刻发生在任何人身上，但是辛迪当时的感受源于她从未考虑过父亲手术这件事到底给她带来了多大的冲击和挑战。因为辛迪不知道情绪是怎样起作用的，所以她也不知道自己会经历什么样的痛苦和困难，更别提为自己的痛苦和困难去做准备了。

情感忽视时常伴随着辛迪。别人叫辛迪去哪里，她就会去哪里；别人叫辛迪做什么，她就会做什么。她愿意这样做，是因为她是一个善者，她乐于关心别人。然而，当遇到艰难的情况时，她无法完全理解自己情绪的层次、情绪之间的细微差别以及自己情绪上的需要。例如，在去往医院的路上，她很难完全理解妈妈的需要，她不知道妈妈希望在医生出来的那一瞬间有自己陪在身边。因为辛迪不了解自己的情感需求，所以她也没有准备好在医院里体验害怕、焦虑，以及如释重负的感觉。辛迪被自己的情感所摆布，她的童年经历阻碍了她的一生，使她无法去了解自己和身边的人。

关于卡梅伦（17 岁）

还记得卡梅伦在化学考试时的情景吗？他非常焦虑，忘记了时间，一进家门就哭了出来。还记得他躲开人群，独自一人冲回家吗？

卡梅伦的所有举动，都源于他的述情障碍。如果卡梅伦能够更加了解自己的情绪和倾向，那么他就会预料到自己在化学考试中的焦虑感。他可以提前为自己即将到来的情绪挑战做好准备。考试一结束，卡梅伦就一个人冲回家里。因为他不知道，其实还有更好的方法来应对在考试中发生的不愉快体验（焦虑和失望），也就是花时间与朋友在一起，把自己的经历告诉他们。

卡梅伦不了解分担麻烦或痛苦情绪的价值。正因如此，他隐藏并压抑这些情绪。卡梅伦没有机会学习如何预测这些情绪，如何准备应对这些情绪，以及如何用健康的方式管理它们。与其他人相比，这就是卡梅伦的不利之处。他被自己内心的声音所摆布。

关于迈克尔（11岁）

当迈克尔听到水上公园的行程被取消时，我们可以看到他的内心。虽然从表面看上去，他是平和安静的，但他的内心和所有情绪健康的孩子一样。然而，因为他相信隐藏内心的情绪是他的职责所在，所以他没有学会如何命名并表达这些情绪，也不知道如何理解和应用这些情绪。

由于缺少情绪教育，迈克尔不会用恰当的方式来宣泄和处理自己的情绪。他还常常感到困惑：每当他看到其他孩子与他们的兄弟姐妹和父母互动时，就会产生出一种羡慕和渴望，可是他又不理解自己渴望的是什么。有时候，在爸爸要出门工作的时候，迈克尔会尽量避免说再见。他害怕自己可能会大哭起来，他也不明白自己为什么会这样。

迈克尔的爸爸感受自己的情绪，因为他没有经历过童年情感忽视。因此，迈克尔在生活中能够得到一部分情绪教育。可是，他也会因为接受到来自父母截然不同的反馈而时常感到困惑。

当然，我们不能寄希望于一个 11 岁的孩子可以对感情有复杂的了解。可是，和其他接受过情感教育的小朋友相比，迈克尔对情感的理解更加茫然。如果不发生改变，他会经历辛迪和卡梅伦的挣扎，他将生活在困惑之中，隔离自己和他人的情感，从而患上述情障碍。

关于玛莎（6 岁）

如前所述，我们看到小玛莎已经知道了她的情绪有些过激。虽然我们知道这种想法并不正确，但是除了这个错误的见解，玛莎对情绪一无所知。

玛莎是个聪明的孩子。随着年龄的增长，她会学会平复自己强烈的情绪，她也会在一定程度上了解情绪是怎样起作用的。玛莎在学校里可以很好地管理自己的情绪，这可以证明她在情绪管理上的进步：当爸爸在身边时，玛莎的情绪会好得多。

玛莎将会从爸爸对自己的情绪回应中受益。和她的哥哥迈克尔一样，如果家里不发生改变，那么她将无法完全成熟，无法了解和觉知自己的情绪。在这一方面，她可能要比其他的孩子走得更为辛苦。

随着年龄的增长，玛莎将会对自己强烈的情绪感到害怕并深感不适，不论这个情绪是来自自己，还是受外界的影响。她可能会把逃避当作应对自己情绪的主要手段。她会怀疑自己的行为，也会对其他人的行为感到困惑。总之，在这个社会里，不管玛莎有多聪明，她都会处于劣势，因为她患有述情障碍。

总　　结

我们已经讲述了经历过童年情感忽视的人们的挣扎，这包括成年人、父母和小孩。我希望在阅读过程中，你可以在这些可爱的人身上找到自己的影子，也能意识到你不是一个人在奋斗。我也期望，在阅读过上述内容以后，你会看到更多的希望。

这些主人公（马歇尔、梅、奥斯卡、奥莉芙、辛迪、卡梅伦、迈克尔、玛莎）都拥有希望。在接下来的故事里，两个家庭都做出了勇敢的选择，走上了建立情感联结的生活轨道。当你看到他们是怎样做到这些时，你也会相信自己同样会做到。

　　生活在童年情感忽视的影响之中，你的生活就好像被一条湿毛毯捂在下面。然而，当你意识到并处理童年情感忽视的时候，它也为你提供了一条寻找情感联结和意义的道路。家长们可以治愈自己，也能用新的方式与子女建立情感联结。

　　请继续阅读本书。所有经历过童年情感忽视的人都会这样做。

第 13 章

改变你的养育方式

人类婴儿生来就有探测父母情绪的声呐。

本章我们会涉及很多关于如何改善、修复亲子关系的信息。无论你的孩子是幼儿、青少年，还是拥有独立生活和家庭的成年人，我都希望你能知道：什么时候开始修复关系都不算晚。做出正向的改变，使你们之间的情感联结变得更健康、富足和深刻，还为时未晚。我在这本书里已经强调了好几次：你可以治愈你的童年情感忽视。现在，让我们来讨论一下，你如何帮助自己的孩子也走上治愈之路。

作为家长，你需要找到你的情感盲点，并且开始克服它们。事实上，这是你为改变孩子生活所能做的最深刻的事情。请试着去发现和了解自己，回应自己的需求，并且接受他人的情感支持。这些改变可以使你看到和了解你的孩子，回应孩子的需求，并提供给他情感支持。

人类婴儿生来就有探测父母情绪的声呐。无论你的孩子多大，他对你的感受、需求、选择和行为都非常敏感。想象你的孩子是 5 岁、12 岁、16 岁、47 岁，想象他看到你在行为上有所改变，或是在表达感情上变得果断直白。因为你孩子的大脑在本质上与你相连，他会在某种程度上被你影响。即使他并未有意识地注意到这个改变，他也会接收到它，并且发生细微的（甚至是巨大的）改变。

无论你的孩子年龄多大，在你与孩子的交往中，都可以通过三个重大的改变为你们带来治愈的力量。当然，为了使效果最大化，继续疗愈你自己的童年情感忽视对你是很有帮助的。不过，你可以立刻开始这三个改变。在这之后，我们会讨论如何根据你孩子的年龄来调整你的具体方法，以便加深你们的关系。然后，在下一章里，我们会讲到你是否应该跟孩子谈论童年情感忽视这个话题，以及如何谈论它。

与任何年龄的子女都可以做的三个改变

1. 多沟通

作为父母，我们了解我们的孩子，而他们也了解我们。然而，随着时间的流逝，我们的关系会自然而然地变得日常，彼此间的沟通也慢慢变化为基于相互理解的推断或猜测，而非语言上的沟通。这样一来，沟通很容易变成"走过场"——只有在双方需要时才与彼此交流。这虽然不一定是坏事，却无法阻止或者治愈童年情感忽视。想一想你与你的孩子有多少交流，你们会交谈几句话？我不是鼓励你去说教孩子，或者用没有意义的谈话使他感到无聊，而是下定决心去与他沟通。你要与孩子分享更多关于你的情况、你的想法和对你重要的事物。你应该询问孩子更多关于他的情况、他的想法和对她重要的事物。带着目的和关怀去增加你们之间的交流次数，这样可以促使你们相互理解。当你跟孩子交谈时，需要自然地表露出了他对你的重要性。

2. 变得更好奇，问更多的问题

我的意思是对你孩子的生活及其想法更感兴趣。孩子担心什么，思考什么，为什么感到快乐，过得怎么样？请不要心不在焉地问孩子："今天上学（工作）怎么样啊？"这仅仅会得到像"很好"这样空洞的回答。请询问一些具体的事情。你可以问问孩子今天他做了什么，让他讲讲今天经历的事，询问之前你们谈论过的具体事件的后续，比如："上次跟你吵架的朋友怎么样了？"如果你的孩子是个青少年，或者你们的亲子关系需要修复，你的问题可能会被拒绝回答。那也没关系，要记得，得到一个有意义的回答是个额外的收获。仅仅通过更多的交谈或是每次问孩子的一个问题，就会向他传递这样的信息："你对我很重要，我很在意你。"这本身就是一个有价值的成果。

3. 使用更多表达情绪的词语

在这里，我们试图增加孩子对情绪的总体觉察，情绪包括对自己的情绪和对他人的情绪。使用更多表达情绪的词语，是一个增加孩子情绪词汇量的方法（为此，你可以尽量使用丰富的情绪词语）。想象一下，"哇，你一定累了"和"哇，你一定焦头烂额又筋疲力尽"这两句话的不同。你不要说"我怕不能按时拿到护照"，而要说"我因为不确定是否能按时拿到护照，所以感觉焦虑又无助"。这两个例子里的后一句话，都体现了你对自己和对孩子内在体验的觉察，也包含了更多微妙的差别和意义。用更多有关情绪的词语，使关于情绪的交流显得更普通和正当；用更多有关情绪的词语，告诉你的孩子：他的感受对你很重要，而且你的感受对你也很重要；用更多有关情绪的词语，表明你想跟孩子进行更多有意义的对话，从而带来更有意义的关系。

针对儿童的策略

虽然上述的三个基本改变对所有年龄的子女都适用，但是我们也需要考虑你孩子的特有情况和成长阶段，从而选择更具体的方式。即使你的孩子年龄更大些，我也希望你可以通读为儿童准备的建议，因为这可能也适用于青少年和成人。在预防和治愈童年情感忽视时，很多解决方案归根结底都是一个简单主题的衍生，即承认并且回应情绪。其实，只有你更加了解哪个办法对你的孩子最有效。

1. 以适龄方式对待孩子

这个策略并没有看起来那么简单。育儿的一个巨大挑战在于，你的孩子一直在变化。我看到很多父母因为揠苗助长或者过分宠溺孩子而损害了亲子关系。当然，小的错误和调整都是成长过程中的自然现象。然而，如果一位家长未能持续地注意或者回应孩子自然的成长和局限性，那么这就给孩子传递了一个信号："我没有看到你，我不了解你。"当你可以用适龄的方式对待你的孩子，你则在说："我看到你在挣扎，这会过去的。我看到你能做到的事，这太棒了。"

2. 观察并记录孩子的独特个性

你只需要靠关注孩子就可以做到这点。孩子喜欢什么，不喜欢什么？孩子害羞吗？他热爱社交吗？他是主动活跃的，还是被动腼腆的？他很有趣，还是很严肃？什么会惹他生气？他最讨厌什么？什么会激怒他？什么能抚慰他？他需要什么？他在社交上遇到什么挑战？他在情感上的挑战？他有什么天赋和短板？你越了解你的孩子，他就越感到被理解。这是使他感觉被认可的重要因素之一。

3. 将你的观察分享给孩子

你通过第二个策略所得到的信息是对孩子很有价值的。请务必用一种不评判、不批判并且支持性的方式与孩子分享你的观察。你的目标是传达给孩子："这就是你。当这些细节组成关于你的画面时，会是一幅精美的画像。"这会帮助孩子通过一种真实的方式来了解自己，这也是其自尊和坚韧的基石。

4. 不要避免与孩子的冲突

让孩子不开心或者生气可能会使你感觉不对劲。逃避是宽容型父母的典型特征。你的孩子需要你帮他增强组织纪律性，从而可以学会自我约束。可惜的是，在训练纪律的过程中，一些亲子冲突是无法避免的。当你经历那段跟孩子的冲突时，请用坚定的爱去执行规则和限制；在冲突结束后，你要努力保持你们之间的爱完好无损。你应该满怀爱意地教孩子建立秩序、设立边界、培养自律的习惯，从而让他带着同理心来承担责任。

5. 铭记：情绪掌控着孩子的行为

当你回应孩子的行为时，你可能忽略了他的感受。然而，在大多数情况下，孩子的行为是被情绪所控制的。当你挖掘他的行为，并且回应他的感受时，你的孩子会觉得你关心和理解他，并得到一些信息来帮助他理解自己。所以，当你为孩子的行为设定边界时，也考虑一下他的感受（或者根据她的年龄和情绪词汇量，甚至你可以直接询问她）。引导比命令更有效，你应该多问孩子"你为什么那样做"，而非告诉孩子

"你不要这样做"。一个经验法则是：请先回应情绪，再回应行为。

6. 力求体察孩子的感受

同理心对你和孩子是无价之宝。每次为孩子设身处地着想并体会他的感受时，你都在以最深刻、最有意义的方式与他交流。"我可以体会到你的感受"是代表着真爱的话语。真正的同理心不存在由评判带来的障碍。这与同意、赞同或者评价你孩子的感受无关。孩子的情绪不被这些条例约束。尽管你可以限制他的行为，但你要一直努力体察他的感受。这会教给你的孩子：他的感受是真实和重要的，并且他要为自己的行为负责。

7. 鼓励孩子表达自我

你应该鼓励孩子去争取他需要和想要的东西，表达他的喜好和愿望。（重要提示：这并不等于他总能得到它们。）要做到这一点，你只需要询问孩子："你需要帮助吗？""你想要沙拉吗？""你需要这双鞋，还是那双鞋？""你最喜欢哪个颜色？"你要鼓励孩子提出要求，并表达自己。这会帮他认识到自己的愿望、需求和喜好。这非常重要，而且他将在一生中都很容易表达自我。

8. 跟孩子分享你的感受

当你在克服自己的童年情感忽视时，你也在慢慢觉察到自己的感受。这时候，你可以考虑让孩子看到你更多的情绪。当然，你需要慎重考虑可以与孩子分享哪些情绪，以及如何分享它们。让你的孩子看到你生气、难过、开心、受伤的一面，有时让他看到你更为感性的一面。这样一来，孩子也能轻松地展现真实的自我。如果你可以仔细表达自己的感受，那么这也是在教给孩子关于情绪的语言。请确保你分享的情绪是可控的，并且注意孩子对它的反应。"我现在只是有点无奈，宝贝。""没事儿，亲爱的，我只是觉得有些受伤。"对孩子有效的情感教育，需要你将真实的情绪、安慰和真诚的分享结合起来。通过这个问题，来指导你决定分享什么：如果我像我的孩子这么大，我会愿意听父母说这些吗？当然，如果你跟你的父母基本没有来往，这个问题可能对你帮助不大。这也没关系，只要记住你的目标是只分享适龄的内容。

9. 用情绪语言跟你的孩子交谈

虽然这可能有些做过头了，但我不认为你需要担心。如果你可以描述孩子的情绪，并让他知道你理解他，那么这对孩子有百利而无一害。与此同时，通过告诉孩子你的情绪，他也能体会到你对自己的了解。你可以把孩子的注意力引导到生活的更深层次，这会更有益于他享受青春期和成年的时光。情绪语言是建立情商的基础，研究表明情绪语言的运用会在很大程度上提升一个人的生活满意度和成功的可能性（Urquijo, I., Extremera, N. and Villa, A, 2016）。

10. 不要期待孩子自发使用情绪语言

大部分孩子不会使用情绪语言，不过这没关系。如果你可以分享更多关于你的事，并且使用更多表达感情的语言，那么你的孩子也会在这个过程中耳濡目染。你与孩子交谈，你的孩子也会学习如何交谈；你与孩子分享，你的孩子也会学习如何分享。如果你用一种健康的方式表达你的感受，那么你的孩子也会这样做。

11. 遵照育儿三步法

第一步，你能体会到自己跟孩子之间的情感联结。第二步，你要关注你的孩子，认可他是一个独立的人，而且可能跟你很不一样。第三步，通过情感联结和关注，你要对孩子的情感需求做出合适的回应。

针对青少年的策略

"你好，儿子。我们是爸爸妈妈。你还记得我们吗？我们
是在你生活边缘的两个模糊人物，只是想顺便过来道个晚安。"

"小孩子使人头疼，大孩子让人伤心。"如果你家里有个青春期的孩子，那么你是最了解不过了。独立的过程从青春期开始，通常在你最不经意间发生。在这个复杂甚至痛苦的过程中有两个需要注意的方面，那就是你控制自己情绪的方法以及你应对孩子情绪的方式。这两个方面会为孩子成为什么样的人奠定基础，而且会深刻地影响你们未来的关系。

1. 关注孩子的情绪强度

小孩子有很强烈的情绪，而青少年的情绪可能会更加强烈。作为家长，你需要帮助孩子学习"情绪"在生活中的角色，以及如何管理它们。

2. 不要害怕孩子的情绪

青少年情绪的表达可能是爆炸式的，特别是当他们针对父母时。你要知道孩子发脾气或多或少也是在表达情绪。在孩子的情绪面前，如果你让自己被过度伤害、感到愤怒或者失去信心，你就会把过多的权利让渡给了你的孩子。承认孩子的情绪以及感知其情绪强度是很重要的。当你的孩子显露出任何强烈的情绪，请试着回应情绪本身，同时注意它的强度。要记住，青少年常常在气头上说话，但不代表他们全部的想法，比如"我恨你"实际意味着"我觉得我现在恨你"。对此，你可以说："我知道你不高兴。我真的明白。不过很抱歉，规矩就是规矩。"

3. 铭记：青春期的孩子常常隐藏情绪

一个青少年的情感世界，会因为他试图隐藏情绪而变得更复杂。事实上，当一个青少年努力地表现出不在意时，恰恰证明了他非常在意一件事。当青少年的情绪被明显地看出来时，他们很容易感到羞耻，因为这使他们觉得自己很脆弱。所以当你的孩子进入青春期后，你在关注和说出他们的情绪时需要更加小心。即使你刚刚开始改变养育方式，你也可以在不指明情绪的情况下回应你孩子的感受。当你这样做时，你的孩子会感到被理解、被了解、被认可。

4. 用同理心去回应孩子

尽力去体会你孩子的感受，无论它对你来说是否合理。当你用心去做时，你的孩子会知道。重申一次，同理心与判断无关，父母永远不要因为一个青少年的感受去评判他，而是让他对自己的行为负责。

5. 教孩子保持情绪平衡

你要传递给孩子的信条是：虽然表达情绪很重要，但不要情绪用事。虽然情绪是应该被意识到的，但是它们也需要被管理。当你带领孩子经历情绪波动的时候，请描述出这种感觉，辨别它带来的信息，理清是否需要行动，并教会孩子如何管理这种感觉。这一系列举动会带给你的孩子一个情绪平衡的未来。

6. 注意观察孩子的情绪

请对你的孩子睁大眼睛，竖起耳朵。大部分青少年会时而向父母敞开心扉，时而封闭内心。请尽可能地对孩子的情绪保持敏锐的洞察力。我的意思是：当你的孩子表达了与你有关的情绪时，请放下你手上的事，利用好这个机会。反过来，当你的孩子自我封闭时，请不要试图跟他说太多（除非他一直都是封闭状态，使你没有选择的余地）。一般来说，当你的孩子自然地疏远他人时，你可以保持关注的目光，让他知道你还在那里，而且你在注视着他。

7. 接受孩子真实的样子

在青春期，你的孩子会发生巨大的变化。归根结底，她毕竟是在经历一段蜕变为成年人的过程。童年情感忽视导致的一个巨大风险在于，你的孩子会跟你很不一样，而且这些区别在青春期时尤为突出。作为成年人，你很容易评判孩子与你不同的方面。你有时候会困惑于孩子的感受、言语、癖性和选择，你可能发现自己希望他不是这样的。当你发现自己有这种想法时，请当心！因为你已经到了危险区域。青春期的孩子在练习成为什么样的人，所以请放手让你的孩子去尝试。当你接受她时，你自然会认可她。

8. 给孩子犯错的空间

当你在给他空间的同时也请保持警惕，这样做是在告诉孩子：你在意并且相信他。给孩子犯错的机会，让他吃一堑长一智，这对他来说是重要的生活经验。不过，前提是你要关注他，而且会在他需要的时候伸出援手。如果你在给孩子空间时没有足够的关注，这其实是在情感上忽视你的孩子。如果你过度控制你的孩子不让他犯错，这也是一种情感忽视。

9. 设立边界，传达和执行规则

很多青少年都会去测试父母的底线。他们通过打破规则甚至是法律来评定这些规则和法律究竟有多严苛。你需要保持清晰的规则，而且通过可预期的反应来回应他们的行为。无论你的孩子有多恨你的规则，他们最终都会接受。

10. 了解孩子的朋友

你千万不要以干预的方式去了解孩子的朋友。然而，当你开车带他们出去吃饭，或者他们来你家玩的时候，你可以多多观察孩子的朋友。在适当的时候，你可以问他们一些比较自然的问题，例如："你有没有兄弟姐妹？""你这个暑假打算做些什么？""你打算学哪种外语？"请永远不要占用孩子的朋友太多时间，在适当的时候，你可以表现得友好和感兴趣。为了保险起见，即使你还不确定他们怎么样，也可以去试着接受他们。这样你的孩子可以从自己的选择和友谊中学习。

11. 永远不要切断纽带

当孩子推开你时，他在尝试着独立。为了帮助他，你在此时要学会放手。这种感觉特别不自然，也是对所有父母来说最具有挑战性的任务。你必须特别小心，不要让你们之间的纽带完全断裂。如果发生了这种情况，再让他回来可能会非常困难。所以你仿佛在走钢丝，一边给他空间，一边关注他，带着爱去设立合理的规则，并且接受真实的他。最后，无论怎样，不要完全对他放手。

针对成年子女的策略

无论你的孩子多大，他永远是你的孩子。一旦你的孩子长大成人，你的回忆里很难不带着遗憾。如果能有机会重新抚养孩子一次，在很多地方你都希望做得不一样。遗憾的是，没有人可以重来。不过令人欣慰的是，虽然你的育儿过程已经结束，可你跟子女之间的关系还没有结束。随着时间的流逝，你们的关系不断发展变化。你可以利用这一点，主动改善跟子女的关系。

1. 更多地接触子女

如果你每天可以看到孩子，这意味着你可以跟他们有更多的交流。如果你的孩子住得比较远，那么可以通过其他方式接触他。你可以稍微多打几次电话，也可以在你们见面时多说点话。虽然这可能会让你的孩子感到惊讶，但这没关系。你的目标不是让孩子厌烦，而是给他传递一个信息——他对你很重要。这会使你的孩子意识到即将发生的改变。

2. 使用更多的情绪语言

请留意你跟成年子女的互动，你的目标是使用更多的情绪语言，并与子女进行一次友好的谈话。

3. 同等对待子女和孙辈

针对这一点，你可以使用针对儿童和青少年的方式。请注意，不要绕过你的子女去做这些，因为你不想显得比关心子女还要关心孙辈（很多祖父母犯了这个可怕的错误）。在做这一条时，请确保你也在改变对待子女时的情绪反应。

4. 常常认可子女

请开始发现子女的长处、成就和好品质吧！不论什么时候，这些认可都不算晚。让子女知道你正在注意到这些，连 40 岁的坚强男人都可以得益于他父母的话："当你……时，你让我骄傲。""当你……时，我很欣赏这一点。""我真不敢相信你所取得的成就。""你真是个慷慨的人。""你真体贴。"你可以用无数种方法来认可子女。每次这样做时，你都在用一种真实而有价值的方式强化他的情绪觉知力。

5. 与子女分享更多你的经历

这种策略包括更多接触、交流和使用情绪语言。给你的孩子讲述更多你的童年故事。如果其中的一些故事里包含童年情感忽视，那将会特别有帮助，就像奥斯卡妈妈做的那样。你的目标是，让自己变得更坦诚，同时更深刻地了解你的孩子。你可以带着这个特别的目标，去跟孩子分享更多你的生活经历。在做这些的时候，你建立了一个通道，让子女与你有更深层的联系。

6. 争取拥有同理心

再重申一次，你的同理心必须脱离价值判断。无论你是否同意，请试着去体会孩子的感受，这在你们的关系有矛盾时会更有帮助。当你努力去感受孩子的情绪时，他能感觉到你的用心。当你成功体会到孩子的情绪时，他也会能觉知自己的情绪。

7. 将注意力从矛盾转移到情感联结上

　　这一条要求你将长期的矛盾放在一边。要记得，子女在成年之后，虽然你的养育已经结束，但你们的关系还远没有结束。你仍然是这段关系中的父母，所以联络感情的责任落在你的身上。请尽量将你的注意力从矛盾转移到情感联结上，否则会助长子女的破坏性行为。

8. 向子女问更多问题

　　通过这个简单而有价值的沟通方式，你可以告诉孩子，你对他非常感兴趣。你可以时常询问他在生活、工作和养育孙辈上遇到的困难，认真聆听他的回答。如果这是一个正在发展的事情，请跟进后续结果。垂直提问的方法对成年期子女非常有用。垂直提问是一种渐进性的提问，帮助对方将注意力集中在内在的感受上。当你使用垂直提问时，你可以问子女："你有什么感受？""你为什么这样做？""你那时候是怎么想的？"通过这些问题，你可以帮助子女在谈话中逐渐关注到其内在体验。这也可以减少你们有关表面事实和计划流程的对话，那些内容会使对话变得肤浅而缺乏意义。

9. 考虑与子女谈论童年情感忽视

　　这虽然是治愈亲子关系的终极步骤，但并不适用于所有情况。如果你认为跟子女讨论童年情感忽视会有帮助,你可以先通过上面的 1～8 条为你们的关系预热。

总　结

恭喜你!几个月甚至是几年以前,你还没有听说过童年情感忽视,也没有开始理解你生活中的缺失。现在,通过阅读前几章的内容,你已经吸收了之前无法接触到的内容。我想告诉你,仅仅通过阅读这些富有刺激性和挑战性的信息,你就已经表现出了合格家长的重要品质。你关心孩子的快乐和幸福,而且你愿意付出努力和行动。无论你在育儿时犯过什么错误,无论你在各类关系中错过了什么,你都表现出了爱的最高意义。

无论你的孩子处于哪个年龄阶段,你都可以通过运用上述方法,深刻地影响因童年情感忽视而造成的关系损伤。想要知道这些改变在现实生活中的表现吗?请参见第 15 章,奥斯卡、奥莉芙、梅、马歇尔将这些策略转化为对孩子采取的实际行动。

在这之前,如果你还在考虑是否应该跟孩子谈论童年情感忽视,那么请看下一章的内容,了解这样做的潜在价值。如果你最终决定要跟你的孩子谈论这些,那么我们也会在下一章提供方法帮助你获得最大的成功。

第 14 章

你是否应该跟孩子谈论童年情感忽视

在你跟孩子提及你们关系中缺失的东西后，你们的问题会更容易得到解决。

如果你的孩子还没有进入青春期，这个谈话当然没有意义。首先，他的大脑还无法理解这个话题。其次，这类讨论也没有必要。在孩子没有进入青春期前，你可以强化孩子的情绪觉知力，增进他和你们的关系，疗愈你自己的童年情感忽视，并使用上一章提到的方法改变你的养育方式。不必担心，你的时间还很充裕。如果你的孩子是 10 岁或者 11 岁，你可能还是想阅读本章。在未来的某个时候，当你的孩子更成熟一些时，你可能希望把这个话题介绍给他。通过阅读本章，你的头脑中会形成一个框架，帮助你判断未来谈话的好时机。

如果你的孩子是青少年，或者是完全独立自主的成年人，与他们直接谈论童年情感忽视可能会带给你一些很棒的好处。本章我们会探讨如何决定是否直接跟子女谈论童年情感忽视。我们不但会讨论当你这样做时会发生的各种可能性，也会谈到可能遇到的风险。

如上所述，即使不直接谈论童年情感忽视，我们也可以面对和治愈亲子关系中的童年情感忽视。请根据你孩子的年龄和性情、童年情感忽视带来的具体影响，以及你们关系中存在多少愤怒，来选择可能适用于你的方法。接下来，让我们考虑一下向子女提出这个话题的潜在好处和坏处。

潜在的好处和坏处

潜在的好处

- **做出表达爱意的举动**：当你跟孩子谈论童年情感忽视时，他外在的反应远不如内在的反应重要。即使他似乎对此持负面态度（更多信息请阅读下文"潜在的坏处"），他的内在自我也会体会到你在接近他，并且体会到你对他的爱。在本书的第二部分，你了解到：人类生来就需要父母的爱和情绪上的认可。无论外界发生了什么，当你跟孩子谈论童年情感忽视时，你就在自动地传递给他"我爱你"和"你的感受对我很重要"的信息。这就像给他服用维持情绪健康的维生素一样，表达爱意准没错。

- **建立共同语言**：当你向孩子提起"童年情感忽视"，并且使用"情感承认""情感联结""情绪能力"等概念时，你会在你们之间建立共同语言。这个共同语言会使双方都更容易治愈你们的关系。

- **达成共识**：直接谈论童年情感忽视，使你们对子女童年时的问题达成共识。这个共识对于走向治愈富有成效。一言以蔽之，这会给子女以及你们之间的关系带来巨大的潜在好处。当你继续阅读本章和下一章的内容时，你会更深入地理解这种潜在的好处。

- **化解子女内心的责怪**：无论你的孩子是否觉察到这些感受，他的内心都可能有很多责怪。在成长过程中，他的一部分情感需求没有得到满足，而在他看来那是你的错（我们当然知道，你也出身于缺乏情感的家庭）。说出问题的所在，以及觉察到童年情感忽视这个看不见却又世代相传的问题，可以化解子女内心的责怪，并为你和子女之间打开沟通的大门。

- **减少愤怒**：我见到的遭遇过童年情感忽视的人，通常都会带着爱和感激来谈论他们的父母。然而，他们也倾向于向父母发火，避开父母，或者鲜少分享有深度的私人信息。虽然这些倾向乍看有些令人难以理解，但他们的愤怒是真实的，只是常常埋在内心深处。谈论童年情感忽视，为子女的愤怒提供了一个讲得通的理由。认可愤怒并对其原因负责，能极大地减轻愤怒。当你跟子女谈论童年情感忽视时，你就可以这样做。

- **富含同理心**：我知道我一直在谈论同理心，这出于好几个原因。之所以我在这里提到同理心，是因为它是一种"肥料"，能使一切好东西长得更快、更饱满。我想要你和子女之间富含同理心。当你跟孩子分享你经历过的童年情感忽视时，你也提供给他一个新角度来看待你。当他发现你的成长过程跟他一样缺乏必要的呵护和工具时，他也许能够体会一部分你成长中的剧痛，也会看到并感受到与自己经历的相似之处。这可以在你们之间锻造出一条新的、深厚的、富有同理心的纽带，而这条纽带可以在此基础上继续成长。

提供治愈的工具：如果你的孩子接受童年情感忽视这个概念，那么他可以打开一个新的世界。当你可以在这个层面上接触到他时，你给予他的将不只是对过去错误的解释，更能丰富他未来的情感。你可以让他去阅读更多关于情感忽视的文章，使他了解更多，并开始识别自己的盲点。他可以开始运用本书的内容，走上他自己的治愈之路。还有什么事情能比看到自己的孩子开始变好更令人欣喜呢？

潜在的坏处

事情在变好前，可能会变得更糟：如果你的孩子对你有一些愤怒，你对童年情感忽视的描述会认可他的感情，并可能会使他在最初变得更愤怒。这对青少年来说尤为如此。不过在通常情况下，这只是一个暂时的阶段。愤怒会随着认识、兴趣和存在感的提高而逐渐消退。这可能需要你的一些耐心和包容。

你的孩子可以用它来攻击你：处于青春期或者成年阶段的孩子可能需要一段时间才能完全理解童年情感忽视。如果你的孩子一开始只对此略知一二，或者他的愤怒使得他无法对你们的关系多一些理解，他可能会疏远你一段时间。有些人会使用"情感忽视"作为一种指责。重申一次，这仅仅是暂时的，你需要支撑自己，包容孩子，从而度过这个阶段。

这可能贬低你在养育方面所做的改变：当你开始改变与孩

子的相处模式时，你在交流中会变得更温暖，也更容易产生情感上的联结。你的孩子不知道你为什么这样做，甚至不会意识到你的改变，但他可能会感受到这个变化。如果你的孩子将你的新作风看作自然的、在感情层面上的，那么这会有极大的价值。当你直接讲述童年情感忽视，为你更温暖的待人方式提供解释和理由时，会减弱它对某些孩子带来的影响。出于这个原因，你可以推迟解释，先试着自然地转变你们的亲子关系，而不要急于谈论童年情感忽视。找好时机很重要，我们很快会谈到这个问题。

"告诉我关于你的一切。"

我知道这需要很多消化和思考。请记得，这个问题没有一个正确或者错误的答案。我鼓励你去运用直觉和大脑一起做这个决定。最好的决定都是由它们两个协同工作得到的。事实上，等待一个与孩子谈话的好时机是个合理的方法。

现在，让我们来看看我特别设计的一系列问题，来帮助你系统地思考这个决定。当你在回答问题的时候，它们会逐渐帮你形成一些想法和计划。

五个帮你做决定的问题

第一，对于你目前在养育上所做的改变，你的孩子反应如何？在考虑跟孩子谈论童年情感忽视之前，我鼓励你先在养育过程中提升情感关注，及时回应孩子。在改变的同时，请关注孩子对你所做改变的反应。

你能看到或者感受到孩子的变化吗？他变得更活跃了吗？他和你之间有更多沟通、更多电话、更多分享吗？如果是这样，那么这是个非常好的迹象。如果你的改变有效（只要你的孩子继续做出积极回应），那么请继续你的改变，并慢慢增加或者加强情感协调的强度。

如果这个过程进展顺利，那么你不需要通过谈论童年情感忽视来打破现状，特别是当孩子还是青少年的时候。如果你的子女是比较成熟的青少年或者已经成年，在好的时机里，通过正确的方式跟他们谈论童年情感忽视，你可能就会有更多收获。

如果你的孩子对你的改变没有任何回应，你可能就需要更多改变。你也许认为，谈论童年情感忽视会帮你打开孩子关闭的心门。要记得，这些青少年正在经历分离的过程，所以他们在这个时期是最难拉近距离的。

第二，你的孩子有可能比你更有情绪觉知力，或者情商更高吗？请考虑这一点：你的孩子成长于一个与你当初大不相同的世界。随着时代的发展，现在的年轻人通过文字、交流和学习，对情绪、正念和心理觉知这些概念已经不再陌生。你的孩子是否参加过心理咨询、互助小组，或者有阅读心理自助类图书的倾向？如果是这样，那么你的孩子可能拥有比你更高的情绪觉知力和情商。

如果确实是这样，请不要难过，开心一点！这样的状况对你很有利。首先，你的孩子可能已经在寻找答案，而现在你正好有一些答案可以给他。其次，因为你的孩子已经拥有一些相关的理解和词汇，所以这会使关于童年情感忽视的沟通更简单。

通常来说，如果你的孩子更有心理意识或者富有洞察力，那么你会更容易开始跟他谈论童年情感忽视。

第三，如果孩子了解童年情感忽视这个概念，并且与你拥有共同语言，那么他会跟你建立情感联结吗？这不一定是一个是非题。这个问题可以帮你思考你跟孩子之间独特的关系。如果他已经完全理解童年情感忽视了，那么这会帮助改善你们的关系吗？

谈论童年情感忽视的一个重大的有利因素就是同理心。你的孩子会因为看到你小时候成长的环境，从而理解你为什么很难在情感上满足他吗？他会因为看到你现在想要修复关系的想法，从而变得更温暖、更愿意靠近你吗？

对有些人来说，当他们明白发生了什么以后，会更容易带来改变。当你的孩子知道你在尝试，而且理解背后的原因，可能会感谢你的努力。如果你的孩子是这个类型，这可能是个谈论童年情感忽视的好原因。

第四，你的孩子在跟你生气吗？ 我相信你已经发现了，愤怒使你的孩子疏远你。有些遭遇过情感忽视并且跟父母生气的孩子，会在他们的父母开始增进情感协调性时变得更愤怒。父母的尝试使他们觉得被侮辱或者侵扰，或者有些人会说"为时已晚"。

如果你的孩子很愤怒，有时跟他们谈论童年情感忽视可以突破这种愤怒，特别是当你确保自己承认这会伤害他时。

另一种同样有效的办法是，不要轻易被孩子的拒绝打倒。请继续保持你的情感协调性。如果你足够坚持，而且拒绝放弃，那么孩子在很大程度上会让步，允许你和他建立情感联结。

第五，你的孩子能觉察到他对你的愤怒，或者暗示你愤怒的原因吗？ 我们知道遭遇过童年情感忽视的亲子关系常常会从侧面显露出来。那是因为童年情感忽视常常是无形的，所以你的孩子可能没有意识到他的愤怒，或者他为自己的愤怒感到不舒服。

即便孩子还没有意识到他们的愤怒，大部分青少年和成年子女还是会暗示他们愤怒的原因。这些解释常常会意外地出现，使大家出乎意料，甚至也让他们自己感到惊讶。所以我建议你观察这些暗示，尽量抓住这个时机，用不同的方式去回应孩子。这意味着询问他愤怒的原因，或者仅仅是承认他说的话（即使你不完全认同）。这可以给愤怒的子女带来温暖。它可以使你的子女打开童年情感忽视的话题，并且获得其他的益处。

我希望上面的几个问题帮你理清如何根据你与孩子之间的关系、他的独特天性，以及这两者的相互作用来帮你决定是否对孩子提起童年情感忽视。至此，如果你感觉提起这件事仅仅是时间问题，那么就让我们来讨论一下帮助你和你的孩子成功交流的几个重要因素。

为成功谈话做好准备

第一，设置好你的边界。你可能会犯的一个重大错误，就是在跟孩子谈论童年情感忽视时，没有明确你和孩子之间的边界）。问一问自己：在这次交谈中，你的任务是什么？你孩子的任务是什么？如果你过度承担了属于子女的任务，这可能会带来更多问题，而这是我们不想要的。

"师父领进门，修行在个人。"你的任务是介绍这个概念，而子女的任务是去理解这个概念。请不要越过边界，不要试图强迫你的孩子去吸收、接受或者奉行童年情感忽视的概念。我鼓励你将精力放在以最好的方式来呈现这个概念上，这就足够了。让你的孩子来决定这个概念信息的去留，是使用它、丢弃它，还是搁置一旁以备后用。很多孩子尤其是青少年，会选择将它搁置一旁。只要你不强迫他们，当他们准备好的时候，将会正视这个概念。

要记住，你不需要对孩子的决定负责，也不能强迫他奉行或者接受任何事情。你能做的只有提供信息，就是这样。这就是你的边界。

第二，设置小的预期。 将你的预期设定在实际的水平上对你至关重要。我不想让你对第一次谈话带来的转变抱太大希望。我希望你能够带着自主选择的一个小目标来开始这个谈话。通常最有效的方法是将这个过程想象成一系列的谈话，而不是试图一蹴而就。耐心是你的朋友，请一步步慢慢来。

从确定第一步的目标开始，试着把这个目标设定得小而容易实现，比如：你对孩子说出"童年情感忽视"这几个字；你向孩子暗示自己成长于一个情感贫瘠的家庭；你告诉孩子你在尝试改变；你告诉孩子觉知情绪的重要性。如果你的目标只是在孩子的心中种下一粒会随着时间的流逝而长大的种子，以上这些都是很好的目标。

第三，选择你的情景。 请考虑你跟孩子接触的最佳时机。你可以考虑翻回到第 9 章，阅读奥斯卡和奥莉芙选择与父母谈话的情景。他们是找父母谈话，而你是找子女谈话。虽然你和他们的情况恰恰相反，但类似的思维方式会帮助你做决定。

简言之，你最好选择一个让你和孩子最放松的时间和地点，比如在一次长途旅行中、周日晚餐后、子女接送孙辈时。只要这是子女最愉快的时候，谈话可以发生在任何时间。

如果你无法想到一个好时机，那么请考虑规划你们的谈话。如果你向孩子指出，你想跟他谈论某件事，他就会有更好的回应吗？或者你可以先定下一个独处的时间，然后再介绍这个话题。没有一个绝对正确或者错误的计划，一切都基于你的最佳判断。

第四，准备好如何切入这个话题。这可以是一个机会，来促使你跟子女提及一个可能更深刻或者更情绪化的主题。合适的情景是成功的一半，而好的切入则是另一个成功的好帮手。考虑你跟子女在什么时候下最容易积极相处，是你们开玩笑的时候，还是当孩子告知你一个新成就的时候？一旦你确定了最好的沟通方式，请将童年情感忽视的话题切入你们的对话。

◦ 我们常常开玩笑，这非常好。然而，我们现在能不能稍微严肃地谈点事情？

◦ 我常常忘记告诉你，我多么以你为傲。事实上，我最近认识到我还忽视了很多其他的东西。我可以再多告诉你一些吗？

◦ 我理解你为什么对我感到愤怒，我最近在看的一本书正帮我弄清楚这件事。我能跟你讲讲吗？

还有一个非常有效而且充满爱意的切入方法。当你的孩子显示出童年情感忽视的迹象时，把它作为一个契机，用充满关爱的方式来提及童年情感忽视。

◇ 有时候我担心你是不是足够关注自己的需求。你知道我本身有些问题，而且我现在了解到我是怎么把自己的问题传递给你的。我能跟你说说吗？

◇ 我希望我早点知道我不必什么事情都自己扛着，这样我也可能会更好地教育你。我看了一本书，书中提到关于像这样的事是如何世代传递的。

第五，收集素材。你最好让子女阅读一篇特别为他们挑选的、有关童年情感忽视的文章，或者《被忽视的孩子：如何克服童年的情感忽视》这本书。在跟子女谈论童年情感忽视之前，你可能要在网上来选择一两篇可以令你的子女感同身受的文章，然后在你和孩子谈话时推荐他去阅读。你可以跟他说："我看到一篇文章，讲述了为什么有些人难以关注自己的需求，而且我确信这讲的就是我和你。如果我把它用邮件发给你，那么你会读吗？"

第六，承担责任。你需要注意，父母应该谈论自己及其对子女的影响，而非谈论子女本身。这对你的谈话来说是很重要的一点。请不要让孩子将你对他的担心误会成批评。在谈论你的担心时，将你自己也包含其中，这样你可以更好地承担责任。通过承担这个问题相关的"责备"，你使得子女可以更自由地倾听。

总　　结

通过阅读本章，我希望你得到了几条重要的信息。与子女谈论童年情感忽视是一种爱的姿态。它可能会暂时破坏你们的关系，但从长远看是值得的。耐心等待，选择你的时机，并且做好准备。

如果你的孩子很愤怒，利用这段时间把所有的冲突放在一边。因为当你提及童年情感忽视时，你在日常生活中的琐事之间划出了一条路，并且用一条线直接连接了你的父母、你自己、你的子女。这条线可以追溯到很多代以前，并且造成了家庭关系中的不满、痛苦和疏远。

每段关系中都会有冲突和问题。你跟子女的某些冲突可能看起来剧烈又紧张，而且可能跟童年情感忽视无关。无论问题大小，请将它们暂时搁置，先去谈论童年情感忽视。这样做会对你们有显著的帮助。在你跟孩子提及你们关系中缺失的东西后，你们的问题会更容易得到解决。

第 15 章

两个被治愈的家庭

　　他们建立了情感联结，他们的生活有了全新的意
义。之前横亘在他们彼此之间的那块"空地"，被情
绪理解、情绪觉知、情感联结、情感协调所填满。

梅、马歇尔、迈克尔、玛莎

你可能还记得，马歇尔发现童年情感忽视可以用来解释他婚姻中的缺失根源。在一次困难但充满爱的对话中，他跟梅谈了这件事，并说服梅去阅读和学习一些有关童年情感忽视的知识。在这以后，梅意识到她在成长过程中一直生活在母亲的情感控制下。梅在马歇尔的支持下，与自己的父母进行了一次谈话，并与他们设立边界。她和马歇尔开始接受婚姻咨询。在咨询工作中，我们帮助梅重新与她自己的情感接触，让她觉知到自己的情绪，了解情绪的工作原理以及情绪的重要性。在疗愈过程中，梅开始关注自己的需求，并开始实践自我关怀。她开始对工作合伙人说"不"，坚持自己的愿望，并向马歇尔表达自己的感受。他们的关系变得更加亲密，梅在婚姻咨询中所付出的努力给他们的婚姻带来了收获。

我相信你不会吃惊，在梅和马歇尔的疗愈之路上，他们也意识到童年情感忽视会影响到他们的孩子。他们一开始不愿意接受这个事实。梅应用了自我关怀和内疚管理，坚强地面对这个事实。最终，她提供给了孩子们那些在她的生活里从来没有得到过的关怀。

一天，梅在试图建立与孩子的情感联结。她密切关注着玛莎的感情和情感需求，并且开始对玛莎的需求有了具体的认识："玛莎在情绪失控的时候就会遇到麻烦。"梅认为，这个发现对女儿会有帮助，所以决定把它分享给玛莎。梅最清楚跟玛莎说这件事的时机。那天下午，她到学校接玛莎。就在几个月前的一天，玛莎在同样的地点大发脾气，当众给梅难堪。

现在，梅除了能够在与人交往中保持一定的边界，她还开始进行自我关怀。自我关怀带来的好处在于：她的感觉发生了变化。在从学校停车场到学校操场这段路程中，她觉得不再匆忙，压力也比以前小了。玛莎正和一群小伙伴们玩耍，梅向他们走去。她看到玛莎突然转了个身，把后背对向了她。梅知道，这一点足以证明玛莎看到了她。

"嗨，甜心，我在这呢！"她向女儿叫道。玛莎飞快地抬头看了一眼，露出皱眉的表情。梅没有像以前一样烦躁，相反，她向玛莎温柔地笑着说："宝贝，我知道你还没有准备好。我再给你10分钟，好吗？之后，我们就一定要走了。"

"玛莎，还有5分钟。"在还有5分钟时，梅提醒了一下玛莎。10分钟到了，梅没有向玛莎喊"时间到了"，而是让玛莎走过来跟她说话。玛莎拖着沉重的脚步，面露不快，不过还是遵从了妈妈。"甜心，我看到你正在玩游戏呢！对你来说，从一项活动转到另一项活动很困难，我理解这一点。"虽然玛莎看上去马上就要崩溃了，但是她控制住了。玛莎央求道："妈妈，我真的很想再待一会儿。"梅说："我知道这对你很难。"她拉着玛莎的手，边走边说道："你和拉腊昨天做的拼贴画怎么样了？回家后，我们看看胶水干没干。要是拼贴画做好了，你想把它挂在哪里？"玛莎的兴趣一下子转移到了拼贴画上，她开始想昨天的那幅画，她们手拉着手一起去拿玛莎的书包。

几天后，马歇尔下班回家问大家："今晚我们出去吃饭吧！你们想去哪里吃？"玛莎很开心，喊道："去海鲜意面馆！海鲜意面馆！海鲜意面馆！"梅注意着迈克尔的表情，看到哥哥的脸上露出了不开心的神色，她在认真地考虑迈克尔的感受。"我们上次就去的那家店。"迈克尔一边说，一边注意着妹妹的表情，看看她会不会发脾气。梅观察到迈克尔的话让玛莎面露怒色；她还观察到，迈克尔马上开始转移话题，以防止妹妹发脾气。他开始说道："我的意思是，那家店的意大利面也挺不错。"

"迈克尔，你想吃别的店，是不是？我能看出来。"梅说道。这句话把迈克尔的目光从妹妹的身上拉了过来。"别担心玛莎，她是大姑娘了，她知道轮流做决定是什么意思。你想去哪？"迈克尔听了这话感到欢欣鼓舞，但还是有点紧张，他说了一家墨西哥餐厅。

"不！"玛莎开始了她的经典反应，在玛莎发脾气之前，梅走了过去，把玛莎紧紧地抱起。"小熊喜欢海鲜意面，小熊知道大家必须轮流做决定。"梅用哄孩子的语气，而这句话

> 是模仿玛莎最喜欢的书里的一句话。玛莎被妈妈的反应惊到了，她没有大喊。她只是用服从的语气说："我不喜欢玉米片。"梅跟迈克尔说道："你能不能帮妹妹点些与上次不同的食品？"

　　一个不了解梅的旁观者很难看出梅在亲子沟通上的改变，但是我们可以。我们看到，梅在很大程度上对孩子们敞开了心扉。她带给了孩子们一些对他们很有价值的信息。梅用了与玛莎年纪相仿的语言与之进行沟通，她对玛莎说"对你来说，从一项活动转到另一项活动很困难"，从而让玛莎知道自己在活动场景转变的时候会感到麻烦。梅在将来还会跟玛莎重复这些话，以便帮助玛莎更好地了解她自己。

　　梅告诉迈克尔，她看到迈克尔在担心妹妹会发脾气。"别担心玛莎，她是大姑娘了。"梅向迈克尔传递了一个信息：你要坚持自己的需求。此外，她通过让迈克尔帮助妹妹点一道新的菜品，给了迈克尔更多的权利。

　　并非所有在情感协调上的改变都会如此顺利。如果你能做到以下几件事情，常常会发生神奇的效果：看穿你孩子的心事；说出他们的情绪；应用他们的情绪来教育他们。迈克尔和玛莎，一个 11 岁，另一个 6 岁。在这个年龄段的孩子会很快根据梅的改变做出反应。再加上他们的父亲是一个可以协调自身情感的人，两个孩子的改变会很明显。

　　你还记得本书开篇时对马歇尔和梅的描写吗？马歇尔在婚

姻里感到孤独，他觉得自己与梅和孩子之间隔着一片"空地"。还记得玛莎的羞愧与迈克尔的自责吗？还记得梅的困惑吗？她想做一个比自己母亲更好的妈妈，却发现她所做的仍然不能满足玛莎的需要。

梅、马歇尔、迈克尔、玛莎

在这个美丽的晚春之夜，梅和马歇尔全家在外就餐结束后，他们带着迈克尔和玛莎到公园来玩。夫妻俩坐在长椅上看着孩子们。梅深情地靠在马歇尔身上。马歇尔弯下肩，在妻子耳边小声说："谢谢你。"

梅望向了丈夫的眼睛，她知道丈夫在说什么。此时，她不需要再说任何话。

这家人的生活开始向前迈进。他们建立了情感联结，他们的生活有了全新的意义。之前横亘在他们彼此之间的那块"空地"，被情绪理解、情绪觉知、情感联结、情感协调所填满。

这是一个走向兴旺的家庭。

奥莉芙和奥斯卡的疗愈之路很漫长。他们两个都要面对自己所经历的童年情感忽视。他们修复了自己的婚姻，而且增强了婚姻的意义。两个人在自我觉知和自我关怀上都做了很多改进。他们学习了处理情绪和沟通方面的技巧，也因此给他们的生活带来了蜕变。

　　像马歇尔和梅一样，奥莉芙和奥斯卡看到了童年情感忽视对孩子们所造成的伤害。青春期的儿子在学校里常有恐慌发作的症状，有一门课快要挂科。成年的女儿有很多怨气，也很少与他们来往。他们知道自己需要改变与子女的沟通方式。幸运的是，他们找到了方法。

奥莉芙、奥斯卡、辛迪、卡梅伦

　　奥莉芙和奥斯卡密切关注着他们的孩子，并在头脑里存放了一个问题："卡梅伦现在的感受是怎样的呢？"每天，从卡梅伦一早起床、上学、练习足球，再到晚上回家，他们都在观察，也在思考着头脑里的那个问题。同时，他们也开始与卡梅伦进行更多的接触。

　　在每年一次的钓鱼之旅中，奥斯卡给卡梅伦讲了自己小时候的故事。他也在故事中暗示，自己的母亲是怎样影响到自己的（他还没有开始联系到卡梅伦身上，奥斯卡知道他才开始提及这个话题，而且认为卡梅伦还没有准备好）。

　　除了关注卡梅伦的情绪，奥莉芙还开始与卡梅伦分享在他身上观察到的情绪。卡梅伦训练完足球后，一连几天都是一脸冷漠。奥莉芙说："你看起来应该喝点冰茶。你在这等我一下，我去给你倒。"卡梅伦坐在厨房的椅子里等着。这时候奥莉芙说："你还跟以前一样喜欢足球吗？我看你最近在去训练和回来的路上都不太开心。"

　　最初几次，卡梅伦面对这样的问题时都会耸耸肩，显得很烦躁，边走开边说："没事儿，我很好。"然而，奥莉芙并没有放弃。面对孩子的烦躁，奥莉芙不会再追问，但是她还会继续关注着孩子，并试图与卡梅伦有更多接触。渐渐地，奥莉芙和奥斯卡看到了卡梅伦身上的改变。他开始和奥莉芙说更多的话，也告诉奥斯卡，他的化学考试得了 C，之后又补充说："我就是个白痴，我看错了内容。我不知道自己出了什么问题。"

奥斯卡立即发现孩子所讲事情的重要性。他马上回应道："孩子，停下来，你这样对自己太苛刻了。"他要求卡梅伦晚饭后再聊一聊这件事。奥斯卡可以利用这段时间来想一想怎样与孩子进行这个对话。奥斯卡对卡梅伦说，刚才他说的那些话让父亲感到担心。奥斯卡还问他是不是每次考试做错了，他都会这样想自己。当卡梅伦肯定了父亲的猜测后，奥斯卡给出了一个短语"慈悯心问责"，然后向孩子解释了它的意思。奥斯卡告诉孩子，他的大半辈子里常常对自己过分苛刻，并且举例说明了他最近是如何把"慈悯心问责"应用到自己身上的。虽然在一开始聊这些的时候，卡梅伦显得很抵触，但是他在听，而且在最近还用开玩笑的方式说，他很感谢父亲讲这些。

几个月前，卡梅伦在学校有一次恐慌发作。老师打电话给奥莉芙和奥斯卡。几个月后，夫妻俩和卡梅伦跟学校心理辅导员开会来讨论这件事。那一次，心理辅导员向卡梅伦解释了他的恐慌发作。心理辅导员说，这通常是压力和遗传因素造成的，还问家里有没有人存在焦虑的问题。虽然卡梅伦的父母向心理辅导员承认了这一点，但是他们没有透露任何细节。

伴随着卡梅伦的改变，奥斯卡和奥莉芙开始将注意力转向辛迪。改变对辛迪来说可能会更困难，因为辛迪住在另一个州，而且与他们几乎没有情感上的沟通。夫妻俩花了很多心思和精力，想着有什么小方法可以用来开始和辛迪接触。

辛迪每两周会给家里打个电话。她的父母想从这里入手，每周日给她打一个电话。一开始，辛迪不会每次都接电话。然而，经过父母几个月的坚持，辛迪也习惯了每周日的电话铃声，她接电话的次数也开始增加。接电话次数的增加可能还源自父母打电话的方式。他们开始问一些具体的问题，比如她的工作、朋友和生活。虽然他们对珠宝毫无兴趣，却常常询问辛迪相关的问题，然后仔细聆听孩子的回答，并在下一次通话时，继续上次的话题。他们也开始谈到更多对自己有意义的事情。奥斯卡说了一些在癌症手术过程中，自己感受到的害怕和担心。他们询问辛迪，在那段艰难的时期，他们是否跟她分享了足够多的信息，是否有给予辛迪足够的支持。当然，辛迪会说他们给了她支持，可是奥莉芙和奥斯卡知道，那是辛迪童年情感忽视的说辞。他们知道辛迪的话不完全是真的。

有几次，在面对女儿的烦躁和怒火时，奥莉芙总是用爱和包容的语气说："辛迪，你这是怎么了？"每次辛迪都会表现出一点尴尬。她会停顿一下，然后说："没什么，妈妈。"
然而奥莉芙知道，女儿对她自己的坏脾气越发了解了，就是
这个坏脾气影响了他们之间的关系。

感恩节就要到了，奥莉芙和奥斯卡决定要利用这次机会，
在他们与两个孩子的关系上做出更大的改变。他们跟各自的
父母说，因为要跟孩子聊一些特殊的话题，所以就不邀请他
们来过节了。两家的父母都理解，因为现在他们都知道了童
年情感忽视是什么，也都跟奥斯卡和奥莉芙聊过这个话题。

奥斯卡和奥莉芙问女儿，今年可不可以一家人去她住的
地方过节，这样也会有一些不同。他们还说，今年感恩节他
们想要全家一起庆祝奥斯卡手术成功。辛迪有点吃惊，不过
迅速同意了。

他们在一起度过了一个愉快的感恩节周末。没有爷爷、
奶奶、外公、外婆，没有叔叔、婶婶，也没有朋友或者邻
居，只有他们四人。在周日晚上，他们全家去市中心感受节
日氛围，之后又去了一家小餐馆吃甜点。此时，奥斯卡觉得
是时候跟孩子们谈谈童年情感忽视了。

"孩子们，我想跟你们说点事情。首先，为我的健康干
杯。其次，我想谢谢你们，我有两个出色的孩子，还有我的
妻子。我要谢谢你们在那段时间陪在我身边。如果没有你
们，我不知道自己现在会是什么样子。你们是我在这个世界
上最重要的人。"

　　他看到一旁的奥莉芙会心一笑，向他微微点头。辛迪有点激动，她的脸红了，认真地听着爸爸的话。卡梅伦看起来好像不太自在，抖着腿，目光放在爸爸和地板之间。奥斯卡继续说道："那是一个可怕的经历，但是我和你们的妈妈在这次经历中发现了一些非常重要的事情，我想跟你们说一说。这次经历让我和你们的妈妈更加了解我们的家庭是怎么互相支持的。我们发现，在我们小的时候，都经历了类似的家庭环境。我们的父母从来不犯错误，我们也都不太参与家庭的事情。"

　　当奥斯卡停顿的时候，卡梅伦快速抬起头，认真地问道："爸爸，你是什么意思？"

　　之后，他们进行了一段有意义的谈话。奥斯卡和奥莉芙坦诚地把各自的童年经历分享给孩子们。他们从来没有这样做过，这段谈话对他们来说是需要勇气的。奥斯卡讲了更多关于自己母亲的事，尤其是她的焦虑问题。奥莉芙讲了因为自己母亲需要赚钱，所以她小时候要在家操持家务，还要照看兄弟姐妹。他们讲到，在各自的成长过程中，他们没有觉察到自己的感受如何，他们喜欢什么，他们需要什么，以及这些事情的重要性。他们也坦言，在不知不觉中，也如此抚养辛迪和卡梅伦长大。

　　"我们去看了心理治疗师。我们学习到了很多新的东西，尤其是人际关系方面。我们还学习到了什么才是真正重要的。这些对我们的挑战很大。"奥莉芙说。

　　除了提出几个问题，辛迪和卡梅伦在这场家庭对话中没有说太多，但是他们在聆听父母的话。他们从父母那里听到关于他们一家人的无价信息，这将在接下来的 10 年里改变他们的生活。事实上，这次谈话对他们四个人的生活产生了深远的影响。

　　自那以后，辛迪和卡梅伦常常互发短信，分享各种故事和笑话。辛迪时不时地给父母打电话，咨询他们的建议或要求他们的支持。虽然她还是会在父母面前闹情绪（就像每个孩子都会的那样），但是她很少再对父母发脾气了。此外，她还会跟父母说自己的烦心事。

　　在那个感恩节的晚上，他们一家人从餐厅里吃完甜点出来，走向辛迪的公寓。奥斯卡和奥莉芙手牵着手，慢步前行。辛迪和卡梅伦则走在前面，各自低头看着手机。辛迪突然把卡梅伦挤到人行道上，卡梅伦则伸脚来绊辛迪作为回敬。

　　奥莉芙在后面喊道："辛迪，小心，别把你弟弟撞倒了！"奥斯卡咯咯地笑着，回想两个孩子只有在小时候才会这样。

　　他望向了天空，深吸了一口 11 月的清爽空气，然后满足地叹了一口气。

　　"我是这个世界上最幸运的男人！"他想道。

致谢

虽然我不善于请求他人的帮助，但是我的生命里有很多支持我的人。他们帮我扩展工作，阅读文稿后给我反馈，帮我解决技术方面的问题。向这些人请求帮助并没有让我觉得为难。

丹尼斯·沃尔德伦（Denise Waldron）是一名作家，她正在完成自己的新书。她总会挤出时间为我审阅文稿，更改其中大大小小的错误，还为我提供中肯的反馈意见。非常感谢丹尼斯对我的支持。她是我诚实稳重的同事，也是值得信赖的朋友。

迈克·范斯坦（Mike Feinstein）是我另一位直率可信的朋友。他在公务出差的路上，挤出自己的阅读时间来帮助我检阅本书的初稿。他及时反馈了宝贵意见。

当发生紧急状况的时候，我的丈夫赛斯总是在我的身边，比如当我需要更改表格的技术支持时，当我需要做选择时，还有当我需要被鼓励时。赛斯，没有你，我是不可能完成这个工作的。你总是支持我，而且相信我能够完成这本书。

毫无疑问，这本书的完成离不开这么多聪慧的人们。他们指出问题，提出批评和建议。

心理学家丹妮尔·德托拉（Danielle DeTora）博士阅读了本书，并在每个部分给出了她的评估意见。她让这本书所表达的观点更加有力。

拥有独立执照的临床社会工作者乔伊斯·戴维斯（Joyce Davis），不仅审阅了本书，还分享了她的临床经验，充实了本书的内容。临床社会工作者琼尼·沙夫娜（Joanie Schaffner）也为本书提供了非常重要的帮助。

非常感谢我的经纪人迈克尔·艾伯林（Michael Ebeling）。他对我说："你是时候再写一本书了。"他还帮助我安排出版的各项事宜。我还要感谢塔比瑟·摩尔（Tabitha Moore），她把我的信息传递给更多人，这是我一个人做不到的。

我在写作本书的过程中，最重要的灵感来自我的孩子们——莉迪亚和艾萨克。如果不是抚养他们，对于有些问题我就可能从来都不会问自己，也可能不会经历那些成长。如果不是为了他们，我就不会有写作这本书的想法。最后，我要谢谢我的父亲，他已经过世 15 年了。在父亲弥留之际，他说了一句话。这句话在我的心里种下了一粒种子，让我意识到童年情感忽视的影响。我把这句话放到了本书里（参见本书"后记"）。希望这句话可以像启发我一样，启发更多的人。

后记

在本书的致谢部分，我提到了父亲在临终时对我说的话。这番话让我开始思考童年情感忽视的影响。在之后的几年里，他的话对我生活的各个方面产生着影响。这些影响是重要而不可动摇的。

我的父亲出身于美国中部的一个农民家庭。他为了经营家庭农场，每天都要进行长时间的工作。在我的童年里，我缺少关于父亲的记忆。他好像总是有其他重要的事情要做，那些事情都比我这个女儿重要。之后我才知道，父亲很想把农场做好，他想要的不仅仅是维持家庭，他还想要做到卓越。

在我看来，父亲总是显得烦躁不安又忧心忡忡，所以我总是躲着他。我一直以为这种父女关系是很好的。我慢慢长大，上了大学，离开了家。在这段过程中，我很少想起他。他总是给我物质上的满足，这一点让我很感激。除此之外，我感受不到其他更多的东西。我说服自己：
"我不需要从他那里得到任何东西。"在很多年里我都是这样相信的。

直到有一天，我从电话里得知，父亲患上了肺癌。

我回到俄克拉何马州的家中，和哥哥、嫂子一起照顾父亲，在那段时间我才开始了解他。那段经历对我非常重要。他询问我的家庭生活，我们俩也一起聊了在农场的那段日子。讽刺的是，直到他时日不多的时候，我们两个人才终于找到时间来进行真正的沟通。

在他过世前一个月的一天，哥哥、姐姐带着家人都过来为他庆祝父亲节。那一天我们感到快乐中带着苦涩。大家都知道，父亲的日子不多了。

全家人坐在客厅里有说有笑。突然，父亲大声宣布道："我是这个世界上最幸福的男人，我是认真的，我是这个世界上最幸福的男人！"

在短暂的停顿之后，全家人又围着父亲说起话来，而我却惊呆了。父亲怎么会说出这样的话呢？他整天在痛苦之中，而且时日无多。他怎么可能有这样的感受呢？我花了好几天来思考这件事。

这句话充分地表达了父亲在那一刻的心情。那是他对那个房间里每个人的感受——他的孩子们、孩子们的配偶们、孙子们，以及那些他认识和挚爱的人们。

　　从这句话中，我感受到了一些深沉的、十分重要的东西。它永远改变了我对自己的认知，也为我写这本书埋下了种子。

　　因为这句话，我最终明白，也真实地感受到，我在父亲的眼中是重要的。

参考文献

Goleman, Daniel. *Emotional Intelligence.* New York: Bantam, 2005.

Helliwell, JF and Grover, S. "How's Life at Home? New Evidence on Marriage and the Setpoint for Happiness." *The National Bureau of Economic Research.* December, 2014.

Law, Kenneth S., Wong, Chi-Sum and Song, Lynda J. "The Construct and Criterion Validity of Emotional Intelligence and Its Potential Utility for Management Studies." Journal of Applied Psychology, Vol 89(3), Jun 2004, 483-496.

Moore, Kristin A., Kinghorn, Andrea and Bandy, Tawana. "Parental Relationship Quality and Child Outcomes Across Subgroups." Child Trends Research Brief, 2011.

Rosenberg, Ross. *The Human Magnet Syndrome.* Pesi Publishing and Media, 2013.

Sanders, CW and Sadosky, M., et al. "Learning Basic Surgical Skills with Mental Imagery: Using the Simulation Centre in the Mind." *Medical Education,* Vol 42 (2008): 607-612.

Urquijo, I., Extremera, N. and Villa A. "Emotional Intelligence, Life Satisfaction and Psychological Well-Being in Graduates: The Mediating Effect of Perceived Stress." *Applied Research in Quality of Life,* Vol 11(4), Dec 2016, 1241-1252.

U.S. Dept. of Health and Human Services. Report of the Surgeon General. *Facing Addiction in America,* 2016.

延伸阅读

直面你的羞愧感并承担感情风险

Brown, Brene. *Rising Strong*. Random House Trade Paperbacks, 2017.

改善婚姻关系

Gottman, John. *The Seven Principles for Making a Marriage Work*, Harmony, 2015.

与高度情绪化的人拥有更好的关系

Kreger, Randi, *The Essential Family Guide to Borderline Personality Disorder: New Tools and Techniques to Stop Walking on Eggshells*, Hazelden Publications, 2008.

了解更多育儿方法

Faber, Adele and Mazlish, Elaine, *How to Talk So Kids Will Listen & Listen So Kids Will Talk*, Scribner, 2012.

学习正念

HealthJourneys.com

培养坚定自信的表达能力

Smith, Manuel J. *When I say No I Feel Guilty*, Bantam, 1975.

提升自尊心

McKay, Matthew and Fanning, Patrick. *Self-Esteem: A Proven Program of Cognitive Techniques for Assessing, Improving & Maintaining Your Self-Esteem*, New Harbinger, 2016.

超越原生家庭（原书第4版）

作者：（美）罗纳德·理查森 ISBN：978-7-111-58733-0 定价：45.00元

一切都是童年的错吗？
全面深入解析原生家庭的心理学经典，全美热销几十万册，已更新至第4版！

不成熟的父母

作者：（美）琳赛·吉布森 ISBN：978-7-111-56382-2 定价：45.00元

有些父母是生理上的父母，心理上的孩子。
如何理解不成熟的父母有何负面影响，以及你该如何从中解脱出来。

这不是你的错：海灵格家庭创伤疗愈之道

作者：（美）马克·沃林恩 ISBN：978-7-111-53282-8 定价：45.00元

海灵格知名弟子，家庭代际创伤领域的先驱马克·沃林恩力作。
海灵格家庭创伤疗愈之道，自我疗愈指南。荣获2016年美国"鹦鹉螺图书奖"！

母爱的羁绊

作者：（美）麦克布莱德 ISBN：978-7-111-513100 定价：35.00元

爱来自父母，令人悲哀的是，伤害也往往来自父母，
而这爱与伤害，总会被孩子继承下来。

拥抱你的内在小孩：亲密关系疗愈之道

作者：（美）罗西·马奇-史密斯 ISBN：978-7-111-42225-9 定价：35.00元

如果你有内在的平和，那么无论发生什么，你都会安然。